O CULTIVO DO CAFÉ NAS BOCAS DO SERTÃO PAULISTA

MERCADO INTERNO E MÃO DE OBRA NO PERÍODO DE TRANSIÇÃO – 1830-1888

ROSANE CARVALHO MESSIAS

© 2003 by Editora UNESP

Direitos de publicação reservados à:
Fundação Editora da Unesp (FEU)
Praça da Sé, 108
01001-900 – São Paulo – SP
Tel.: (0xx11) 3242-7171
Fax: (0xx11) 3242-7172
www.editoraunesp.com.br
www.livrariaunesp.com.br
feu@editora.unesp.br

Dados Internacionais de Catalogação na Publicação (CIP)
(Câmara Brasileira do Livro, SP, Brasil)

Messias, Rosane Carvalho
  O cultivo do café nas bocas do sertão paulista: mercado interno e mão de obra no período de transição – 1830-1888 / Rosane Carvalho Messias. – São Paulo: Editora UNESP, 2003.

  Bibliografia.
  ISBN 85-7139-469-5

  1. Café – Comércio – São Paulo (Estado) – História 2. Escravidão – São Paulo (Estado) – História 3. História econômica 4. Mão de obra – São Paulo (Estado) – História 5. São Paulo (Estado) – História – Século XIX 6. Trabalhadores de cafezais – São Paulo (Estado) – História I. Título.

03-2728   CDD-330.98161

Índice para catálogo sistemático:
1. São Paulo: Estado: Trabalhadores de cafezais:
História econômica 330.98161

Este livro é publicado pelo projeto *Edição de Textos de Docentes e Pós-Graduados da UNESP* – Pró-Reitoria de Pós-Graduação e Pesquisa da UNESP (PROPP) / Fundação Editora da UNESP (FEU)

Editora afiliada:

Asociación de Editoriales Universitarias de América Latina y el Caribe

Associação Brasileira de Editoras Universitárias

Começaram a derrubada da mata, árvores milenares tombaram ao capricho dos machados afiados.
Depois vinha o fogo devorando tudo.
A mata fresca e verde transformava-se em amontoados de cinzas, a paisagem ficava de luto.
Vinha um novo senhor deitar-se naquelas terras – o café.
O rubiáceo fazia com que os homens desconhecessem os direitos humanos, o perigo, o cansaço impingindo-os a seguirem sempre em frente, pois os frutos viriam e tornar-se-iam em ouro – o ouro verde. É a saga do café.

SUMÁRIO

Apresentação   9

Introdução   13

Parte I
De boca de sertão a economia agroexportadora

1 Bocas de sertão: rústica existência   19

Araraquara e São Carlos: bocas de sertão   21

Criadores e agricultores   27

Os engenhos de açúcar   43

Mão de obra nas bocas de sertão   48

2 Café, terra e mão de obra nas bocas de sertão   53

O café chega à região   54

Terra e café nas novas fronteiras   59

Os braços para o café   77

Parte II
Da escravidão ao trabalho livre

3 A diversidade da transição	85
A extinção do tráfico de escravos e o problema da mão de obra	89
O elemento nacional: a construção de uma imagem	103
Nas fímbrias da transição	120
Mulheres nas lavouras escravistas: um ponto pouco discutido	128
4 Fazendas de café: entre a escravidão e o trabalho livre	135
Quilombo: uma fazenda em São Carlos	138
Uma fazenda cafeeira araraquarense	158
Conclusão	177
Arquivos, fontes e referências bibliográficas	183

APRESENTAÇÃO

Foi com grande prazer que recebi o convite da autora para escrever esta breve apresentação de seu livro.

Rosane Carvalho foi minha orientanda desde a graduação. Pude acompanhar nestes quase dez anos de convivência a seriedade, o afinco e o gosto com que ela tem se dedicado à pesquisa histórica, remexendo documentos empoeirados, dispersos, incompletos e mesmo abandonados. Garimpando aqui e ali em arquivos municipais da região, procurando identificar e localizar, no tempo e no espaço, documentos e registros esparsos, ela mais me lembrava aquele tipo de historiador detetive que parece estar um pouco fora de moda nos dias de hoje.

Como orientadora de sua pesquisa (primeiro de iniciação científica e depois de mestrado), meu grande receio era que ela não conseguisse controlar a grande massa de informações que coletava e, consequentemente, se sentisse paralisada diante da tarefa de escrever o texto. Mas, na verdade, o problema foi de outra natureza. Assim que conseguiu reunir material suficiente, Rosane esboçou uma estrutura do texto e começou a escrever a sua história. E não parou mais. O trabalho mais difícil como orientadora foi tentar controlar a redação, cortar as inúmeras pontas, ajudar a articular a profusão de ideias e questões evocadas pela documentação.

O resultado é o apresentado neste livro. Nele, a autora tenta enfrentar temas múltiplos e controversos. Ao examinar a implantação da economia cafeeira na região de Araraquara e São Carlos, Rosane problematiza a ideia de fronteira, analisando as atividades econômicas, a questão da terra e do trabalho nas regiões de boca de sertão. Recorrendo a documentação inédita referente a duas fazendas cafeeiras, a autora focaliza a questão da mão de obra e destaca a diversidade de relações de trabalho durante o período da transição. O livro deixa entrever a documentação rica, diversificada e original utilizada.

A historiografia que examina a expansão cafeeira e a transformação das relações de trabalho no século XIX em São Paulo tem privilegiado as regiões do Vale do Paraíba e as regiões cafeeiras mais antigas do Oeste Paulista. Este estudo focaliza regiões em que o café começou a ser implantado tardiamente. A rápida expansão dos cultivos só ocorreu nas últimas décadas do século XIX, e início do século XX. A diversificação e o dinamismo das atividades econômicas na região e as articulações com o mercado interno antes da implantação do café são expostos no decorrer da narrativa. A pecuária, a criação de porcos, a produção de alimentos e aguardente apontam para a existência de uma economia de troca e para o assentamento de uma estrutura fundiária, ocupada por uma população mais permanente; ao mesmo tempo, revelam a precariedade das relações e da vida cotidiana nas bocas de sertão. A estrutura da terra, baseada em pequenas e médias propriedades, modifica-se ao ritmo da expansão cafeeira.

A implantação da política de abolição gradual e a busca de alternativas ao trabalho escravo coincidiram com o ritmo da expansão cafeeira nessa região e o influenciaram. As relações de trabalho existentes antes da implantação do café, baseadas na mão de obra do escravo e do nacional livre, continuaram a dar suporte ao desenvolvimento da economia cafeeira. Houve modificações, claro. A flexibilização das relações escravistas fica evidente: vemos aí escravos que produzem para si mesmos, que acumulam pecúlio, que compram e consomem artigos nos armazéns da fazenda. Outro ponto interessante é a presença de libertos e o importante papel dos trabalhadores nacionais engajados nos trabalhos da fazenda.

O modo como se organizava o trabalho, o controle exercido pelos fazendeiros, e ao mesmo tempo a informalidade das relações muitas vezes baseadas no conhecimento e na confiança mútua marcam a complexidade das relações sociais.

Algumas questões abordadas apontam para a necessidade de pesquisas mais específicas. Entre elas destacamos a questão das atividades voltadas para o mercado interno e em que medida elas foram capazes de promover acumulação de capital para a implantação do café na região; a questão da estrutura fundiária e da mão de obra existente, as modificações advindas com a implantação do café e a concorrência (ou integração) por terra e trabalho entre os dois setores, voltados para o mercado interno ou para o mercado externo. O estudo revela também a necessidade de mais pesquisa em torno do processo de transição para o trabalho livre e a reorganização do trabalho no interior da fazenda, de explorar mais a diversidade das relações entre fazendeiros e trabalhadores escravos, libertos, brasileiros livres e imigrantes. O trabalho de Rosane Carvalho constitui contribuição importante ao tratar dessas diversas questões, procurando não deixar escapar a complexidade inerente às relações que analisa, sem esgotar o assunto. Evidentemente há muito ainda a ser feito.

Apresentado como dissertação de mestrado no Programa de Pós-Graduação em Economia da UNESP, que valeu à autora a conquista do título de Mestre em História Econômica, sinto-me duplamente feliz em apresentar este livro: primeiro, por estar atualmente na direção do referido programa, e, segundo, pela oportunidade que me foi dada de animar e orientar o trabalho que ora se publica.

Março de 2003

Maria Lúcia Lamounier

INTRODUÇÃO

O presente estudo busca se inserir no debate mais geral sobre a transição da escravidão ao trabalho livre, focalizando a região de Araraquara e São Carlos do Pinhal. O período privilegiado abrange os anos entre 1830 e 1888. O objetivo é examinar como se deu a implantação cafeeira nesses municípios e como os fazendeiros, nessa época de grandes transformações estruturais no país, se comportaram e resolveram os problemas inerentes ao processo de transição e de reorganização de mão de obra na produção do café.

Existe uma gama considerável de obras sobre a expansão cafeeira e o problema da mão de obra que assolou o Oeste Paulista na segunda metade do século XIX. Vários autores dedicaram-se ao estudo do tema da escravidão, suporte imprescindível para a nova cultura (cf. Ianni, 1962; Queiroz, 1977; Gorender, 1978; Algranti, 1988; Silva & Reis, 1989; Mattos, 1998).

Outros se preocuparam com a extinção do tráfico internacional de escravos e sua repercussão na organização da mão de obra para a lavoura cafeeira (cf. Conrad, 1975, 1985; Bethell, 1976). O processo de transição da escravidão ao trabalho livre, as experiências alternativas ao braço servil, a parceria, a locação de serviços, o colonato, as legislações referentes aos trabalhadores livres e a legislação gradualista para a abolição da escravidão foram temas privilegiados por outros estudiosos (cf. Gebara, 1986; Lamounier, 1986; Lanna, 1989; Costa, 1966; Stolcke, 1986; Dean, 1977; Beiguelman, 1978; Einsenberg, 1989; Azevedo, 1987; Franco, 1969; Holloway, 1984; Sallum Jr., 1982; Vangelista, 1991).

Ao rever essa bibliografia, nota-se uma grande variedade de estudos sobre a economia cafeeira no Brasil, com ênfase em São Paulo e no Oeste Paulista como um todo. Privilegia-se em geral a análise das "grandes unidades cafeeiras de produção" e seus respectivos municípios que dominaram grandes polos exportadores. Warren Dean (1977) e Maria Silvia Bassanezi (1973) focalizaram especialmente a região de Rio Claro, palco das primeiras experiências com o imigrante europeu e de sérios conflitos com trabalhadores livres.

Outros municípios – como Araraquara e São Carlos, que não alcançaram a expressividade de Rio Claro e Campinas, mas que também produziam café – foram deixados à margem pela bibliografia. Thomas Holloway (1984, p.41), por exemplo, classifica as regiões produtoras de café do Oeste Paulista por zonas e inclui entre as onze zonas focalizadas a zona araraquarense (zona 7) composta por municípios como São José do Rio Preto e Jaú; Araraquara é citada apenas uma vez e como ponto de referência, não como região produtora. Uma série de lacunas e as inúmeras questões deixadas pela bibliografia nos dão a convicção de que um estudo mais aprofundado de municípios como Araraquara e São Carlos do Pinhal poderia trazer à luz singularidades, diferenças que certamente contribuiriam para o entendimento desse momento de grandes transformações.

Os estudos sobre a economia cafeeira em Araraquara e São Carlos são escassos. Dentre eles, destacam-se os importantes trabalhos de Anna Maria Martinez Corrêa, Alcyr Azzoni e Maria Annunciação Madureira, os quais apontam para aspectos singulares da produção cafeeira na região. Os autores ressaltam a posição da região como "boca de sertão" por um longo período de tempo; a existência de atividades econômicas diversas para o mercado interno, além do café; a expansão tardia da cultura cafeeira; o papel importante das pequenas e médias propriedades fazendo o montante da produção do café e uma mão de obra também diversificada, composta por escravos e nacionais (cf. Corrêa, 1967; Azzoni, 1975; França, 1915; Madureira, 1989; Truzzi, 1985).

Quando Araraquara começou a despontar como região produtora, a expansão cafeeira pelas regiões do Oeste Paulista, como resposta à crescente demanda internacional, já possuía uma dimensão significativa. A extinção do tráfico internacional de escravos tinha sido decretada havia mais de uma década. Assim, em meio ao sucesso e ao dinamismo da expansão cafeeira pelas terras do Oeste e diante de sérias ameaças à sua continuidade, principalmente em razão do corte no suprimento tradicional de mão de obra, os fazendeiros araraquarenses iniciaram a cultura do café. Nessa época, a carência de braços e a necessidade de encontrar fontes alternativas ou novos sistemas de organização do trabalho eram questões que preocupavam a todos, fazendeiros e administradores. Nosso estudo sobre Araraquara e São Carlos insere-se nesse cenário.

Para tanto, foram consultados diversos tipos de fontes impressas e manuscritas constantes de diversos acervos localizados em São Paulo, Araraquara e São Carlos. A leitura sistemática das diversas fontes nos mostrou um universo novo, outra face da historiografia. Por meio desse contato foi possível avaliar o caminho árduo do pesquisador e as dificuldades, principalmente metodológicas, em relação às fontes disponíveis. Como em todo processo de conhecimento, surgiram dificuldades em diferentes momentos, principalmente sobre como entrelaçar a análise das fontes com as obras de caráter teórico e ao mesmo tempo dar substância às questões principais. Em outro momento surgiram incertezas do caminho a seguir, ou seja, horas analisando documentos que muitas vezes não ofereciam retorno aos problemas referentes ao tema. O trabalho do pesquisador é penoso, pois a cada problema suscitado pelas fontes caberá somente a ele resolver, e em muitos casos não existem receitas prontas.

PARTE I

DE BOCA DE SERTÃO A ECONOMIA AGROEXPORTADORA

1 BOCAS DE SERTÃO: RÚSTICA EXISTÊNCIA

Neste capítulo pretendemos fazer uma abordagem geral sobre as atividades exercidas na região de Araraquara, quando era boca de sertão.[1] O objetivo é resgatar a história dessas esquecidas regiões longínquas do sertão paulista. Ressaltamos o importante papel econômico-social de suas paragens e freguesias erguidas longe dos mais antigos e prósperos centros urbanos ou agrários, mas estrategicamente situadas próximas às principais estradas que ligavam cidades, regiões e províncias. Destinadas inicialmente a atender aventureiros, viajantes e tropeiros, com uma população de

---

1 Seria conveniente uma explicação prévia sobre alguns termos bastante utilizados neste estudo: "região de Araraquara" e "região de São Carlos". No período entre finais do século XVIII e 1865, quando nos referimos à "região de Araraquara" estamos incluindo também o município de São Carlos, freguesia de Araraquara, que se desmembrou em 1865. Portanto, até essa data, no termo "região de Araraquara" fica subentendido que estamos nos referindo também a São Carlos. A partir de 1865, quando mencionamos "região de Araraquara" ou "região araraquarense", São Carlos não está incluído. Dessa data em diante, utilizamos o termo "região de São Carlos", "região são-carlense" ou simplesmente São Carlos. Milliet (1938, p.11), por exemplo, prefere agrupar os municípios referentes às zonas de influência das companhias ferroviárias. De acordo com sua divisão, Araraquara e São Carlos fazem parte da "Zona Paulista". A zona que ele denomina "araraquarense" não inclui Araraquara e São Carlos. Para evitar problemas, preferimos utilizar o termo "região", que delimita especificamente cada município.

vida precária, instável e itinerante, dedicada à criação de gado, ao cultivo de roças de subsistência, elas foram se transformando ao longo do século XIX e consolidando uma economia própria voltada para o mercado interno. Esse tipo de atividade econômica e a mão de obra que lhe deu sustentação promoveram as bases em que o café seria implantado, daí a importância de analisar os aspectos econômicos e sociais que antecederam a era cafeeira.

Regiões muito distantes e isoladas dos centros urbanos dinâmicos mais antigos eram denominadas "bocas de sertão". Algumas cidades do Oeste Paulista surgiram como bocas de sertão e transformaram-se em paragens de viajantes. O afluxo de população para o interior com a descoberta do ouro em Mato Grosso no século XVIII promoveu relações comerciais com outras regiões, incentivando o surgimento de povoados que se desenvolveram e tornaram-se importantes locais de ligação para a economia do interior. Essas paragens desempenhavam papel fundamental na comercialização de mercadorias, como também nas trocas de informações entre cidades, vilarejos e fazendas.

Araraquara e São Carlos, por um período de tempo, foram bocas de sertão e tornaram-se paragens que proviam com produtos de primeira necessidade os viajantes que iam rumo a Cuiabá. Essa prática incentivou o comércio entre diferentes localidades. Além de criarem gado vacum e cavalar incentivadas pelo promissor mercado agropecuário e de produzir gêneros de subsistência, essas regiões também passaram a se dedicar à plantação da cana-de-açúcar, investindo na produção de aguardente. As bocas de sertão tornaram-se novas fronteiras para os pioneiros que investiram principalmente em setores voltados para o mercado interno. Muitos deles em poucas décadas fizeram verdadeiras fortunas, contrariando a tese de que apenas os produtos de exportação, nesse período no Brasil, dariam lucros.

A historiografia tem privilegiado a produção voltada para o mercado externo, não dando a devida importância à economia de produção de alimentos e à pecuária. Como observaram Linhares & Silva (1981), depois de verificarem a reduzida atenção dedicada pelos pesquisadores à agricultura de subsistência e aos mecanismos de formação de mercados,

Estudar essa economia de subsistência, através de sua evolução no tempo e no espaço – expansão e retração de áreas e cultivos, a sua demografia, a organização do trabalho, o regime de posse e uso da terra e as técnicas – seria revelar a face oculta do Brasil, sempre escondida por trás da Casa Grande (por vezes da senzala), do ouro das Gerais, do café ou outro produto-rei, dos coronéis do sertão ... (p.119)

Um estudo das regiões de sertão, em destaque a região araraquarense situada no Oeste Paulista, pode trazer alguns subsídios para essas discussões. Essa região apresentou características específicas ao longo do século XIX: predominavam as pequenas e médias unidades produtoras dedicadas a diversas atividades voltadas para o autoabastecimento, para o mercado interno e, mais tarde, também para o mercado externo.

ARARAQUARA E SÃO CARLOS: BOCAS DE SERTÃO

As bocas de sertão foram estratégicas e fundamentais para o desenvolvimento do interior da província de São Paulo desde o final do século XVIII e assim continuaram ao longo do século XIX. O transporte de mercadorias durante séculos foi feito por meio de vias fluviais, e o Rio Tietê desempenhou papel significativo até final do século XIX. Nas últimas décadas do século XVIII, o governador da província Antonio M. de Melo C. Mendonça, preocupado com o isolamento dos sertões, cogitou o povoamento de toda a extensão do Rio Tietê. O objetivo era socorrer os viajantes que se destinavam a Cuiabá e Mato Grosso (cf. Holanda, 1991, p.39). De acordo com Gordinho (1985), os sertões araraquarenses, "essa região isolada, distante dos portos e das minas de ouro, onde era muito difícil fazer fortuna, assistia, entretanto, à passagem de numerosos paulistas que partiam para Goiaz e Cuiabá com suas famílias, seus agregados e seus bugres cativos" (p.13).

Ao se implantar o projeto de povoamento em toda a extensão do Tietê, incluiu-se a região araraquarense: "Para a propagação de vacuns e cavalares não existiam ali os famosos Campos de Araraquara?". Dessa maneira, o governador passou a incentivar o povoamento da região subsidiando a instalação de casais e a fundação da primeira povoação nessa área de fronteira no Oeste. Casais povoadores vinham providos de gêneros de subsistência por seis meses, ferramentas de lavrar a terra e algumas cabeças de gado (Holanda, 1991, p.39-40). Esses famosos "Campos de Araraquara" atraíram homens que queriam possuir sua própria sorte de terras ou sesmaria.[2]

Em 1785, Carlos Bartholomeu de Arruda Botelho, depois de prestar serviços na Guarda Nacional para a Coroa Portuguesa, obteve da Coroa uma sesmaria com três léguas de quadra nos campos de Araraquara. Este é um trecho da carta de posse:

> esta minha Carta de Sesmaria virem, que attendi ame reprezentar o Capitam Carlos Bartholomeu de Arruda da Vila de Itú, que nos Campos de Araraquara partindo com as Sesmarias do Doutor Joze Ignacio Ribeiro Ferreira da parte do Norte Seachava huma enceada de Campos devolutos entre o Rio do Pinhal ... que apenas pode aCommodar huma Fazenda decriar, que poderá ter tres legoas em quadra; eque elle Suplicante queria possuir por Sesmaria a referida enseada de Campos para nelles criar ... ao dito Capitam Carlos Bartholomeu de Arruda tres legoas de Campos na paragem chamada Araraquara ... aos 30 de Dezembro de 1785. (Apud Gordinho, 1985, p.17 e 177)

Percebe-se claramente na carta de sesmaria que os "Campos de Araraquara" eram considerados uma área boa apenas para criar, pois assim refere-se que "nos Campos de Araraquara ... se achava uma enseada de campos devolutos ... que apenas pode acomodar fazenda de criar". Mais adiante refere-se a Araraquara como paragem. Uma légua de sesmaria em quadra possuía 6.600 metros quadrados, e os chamados "Campos de Araraquara" incluíam Araraquara, Jaboticabal, São Carlos, Jaú, Brotas, Dois Córregos, sem limite de sertão adentro. Em 1786, Carlos Bartholomeu comprou

---

2 Segundo Costa (1977, p.178), "uma sorte de terras traduz uma tradição em relação à posse de parcelas de terras que se dava através de um sorteio entre herdeiros. Esse significado tem origem em Portugal na região Trás-os-Montes. No Estado de São Paulo, 'huma sorte de terras' significava uma parte de terra, uma sesmaria, um lote".

mais "huma Sorte de terras sitas na paragem chamada Araraquara destrito da Villa de Itú cujas terras contem campos e capoens e São de tres Legoas, como consta da sesmaria ..." (apud Gordinho, 1985, p.17 e 117).

As terras de São Carlos eram cortadas desde 1799 pelo chamado "picadão de Cuiabá". Essa estrada saía de Piracicaba, que era também boca de sertão, atravessava os campos do Córrego do Feijão e rompia a mata densa do Pinhal atingindo extensos cerrados dos Campos de Araraquara, até a margem direita do Rio Tietê (cf. Neves, s. n. t., p.1). Transferir-se de uma cidade ou um vilarejo significava percorrer longas distâncias, a viagem era difícil, fatigante e muitas vezes perigosa. A extensão territorial brasileira com sua exuberante e desconhecida natureza intimidava até mesmo os grandes desbravadores. Os viajantes optavam por viajar, mesmo demorando dias e até semanas, em canoas ou nos chamados batelões[3] através do Tietê, o principal e o mais conhecido rio navegável da província de São Paulo.

A descrição da viagem de D. Antonio Rolim de Moura, o Conde de Azambuja, em 1754, rumo a Mato Grosso para assumir o cargo de governador ilustra o ponto:

> Seguiam com ele 190 homens, o guia do caminho seguia na primeira das canoas junto com o capitão-general. Atrás ia a canoa dos padres da Companhia, acompanhada de perto pela dos oficiais da sala, pela canoa de guerra capitânia – em que comandava o capitão dos dragões – pela dos criados e, por fim, pela de carga, nas quais se embarcavam de 1130 sacos de mantimentos fora o fato e barrilhame, e outras cargas mais. (Apud Souza, 1998, p.57-8)

O relatório de viagem foi escrito pelo próprio governador, Conde de Azambuja, que, além da riquíssima descrição da fauna, fornece alguns detalhes sobre o pouso. Como era comum, este aconteceu, alternadamente, em fazendas e sítios localizados pelos caminhos, em ranchos de palha ou ainda, na ausência deles, no

---

3 Batelões são grandes barcas para transporte de artilharia e cargas pesadas. No Mato Grosso, significa o oposto: canoa pequena (cf. Ferreira, 1974).

próprio mato. Assim, "ora dormiu-se 'numa fazenda dos Padres do Carmo', ora precariamente 'dentro em um capão de mato que terá quatro léguas de comprido' ora num palmital copado, ou ainda perto do morro de Araraquara, onde o gentio preferiu cuidar de sua lavoura a cair sobre a luzida companhia" (apud ibidem).

A prática de subir o Tietê com batelões que podiam comportar inúmeras cargas perdurou até o século XIX:

> Francisco Corrêa de Arruda, em 1862, desceu o rio Tietê rumo à Villa de São Bento de Araraquara, com toda sua família e bagagem em dois batelões. A longa viagem durou 14 dias, incluindo nestes dois dias perdidos de chuva. Gastou 7 dias para descer o rio Jacaré e mais 5 dias subindo até o Salto, onde seu irmão Joaquim Lourenço Corrêa tinha ido ou mandado esperal-o, com carros de bois e cavallos arreados desse modo se transportando para a fazenda São Lourenço. (França, 1915, p.88)

A cavalo, os viajantes demoravam até meses pelas picadas perigosas. Nessa difícil empreitada necessitavam de alguma pousada onde pudessem comer, descansar ou negociar. Nos longínquos sertões começaram a surgir casas de paragem justamente para servir aos viajantes. Essas paragens podiam ser ou acomodações construídas pelos próprios fazendeiros que já estavam estabelecidos nesses sertões ou instalações comerciais: "A estrada de Cuiabá seguia ao lado do rancho e da venda do 'Inacinho Mineiro' ... seguindo pelo traçado da estrada velha de Araraquara" (Neves, s. n. t., p.2). Souza (1998, p.64) observa que os tropeiros paravam nos pousos e recorriam a ferradores, estrategicamente instalados junto às vendas dos caminhos mais percorridos onde também se vendia milho para os animais.

Os viajantes nem sempre encontravam local adequado para descansar e comer. No século XVIII, por exemplo, o Conde de Assumar encontrou apenas um rancho de palha de um paulista, onde passou a noite perseguido pelas baratas. Não bastando a aventura com as baratas, pela manhã o paulista lhe ofereceu o que existia para comer no casebre: meio macaco e umas formigas. Contudo, o conde não conseguiu conter a curiosidade e quis saber o gosto do macaco com formigas. O paulista lhe explicou que era a caça mais delicada que havia naqueles matos, e as formigas depois de cozidas assemelhavam-se à melhor manteiga de Flandres.[4] Muitos fazendeiros, ao implantar suas fazendas nesses lugares esquecidos e longe de qualquer civilização, planejavam a casa de morada contendo várias acomodações, pois muitas delas seriam destinadas aos viajantes e tropeiros. Esses homens faziam parte do ciclo vital desses sertões. Eram eles que supriam as mais diversas necessidades, hoje inimagináveis talvez. Aos fazendeiros cabia o papel de recebê-los, dar pousada e alimento, pois sabiam da necessidade do comércio feito através desses homens, fossem viajantes nacionais ou estrangeiros, caixeiros-viajantes ou tropeiros. Em São Carlos, "em 1830, José Carlos Botelho dava início à construção de uma casa grande como as da época que, além das dependências da família, tinham um espaço reservado para servir de pousada aos viajantes que faziam travessia daqueles sertões" (Gordinho, 1985, p.29).[5]

Entre fazendeiros, tropeiros, caixeiros-viajantes existia uma interdependência em diferentes níveis, na formação da fazenda, em seu desenvolvimento e em sua manutenção. Segundo Franco (1969, p.63), "na fase da abertura da fazenda, o próprio fazendeiro esteve preso ao tropeiro, dependendo de suas decisões em fornecer-lhe animais e suprimentos". Ellis Júnior (1960) atribuiu o desenvolvimento econômico do Brasil e de São Paulo, antes do advento da estrada de ferro, aos tropeiros:

> Graças ao trabalho incansável dos tropeiros, trazendo do sul centenas de milhares de muares, oferecendo possibilidades de transporte, pôde ter o Brasil todo o seu ciclo do ouro, com vários dos seus ciclos correlatos. Graças ainda a esses homens, São Paulo pudera vi-

---

4 D. Pedro de Almeida Portugal era o Conde de Assumar que, em viagem à província de São Paulo e Minas, relata que mesmo durante a travessia dos sertões "procuravam preservar os hábitos que prezavam em condições normais; para temperar o peixe, lastimavam a falta do azeite e do vinagre, retidos com o carregamento que não chegava, e buscavam novos atrativos ... limões, batatas, carás, fruta da terra". O conde ficou impressionado por esses legumes e frutas não serem cultivados. Cf. Souza (1998, p.59).
5 Dean (1977, p.21) também aponta Araraquara e Rio Claro como "bocas de sertão" no sentido de primeiramente servirem de ponto estratégico para viajantes rumo a Cuiabá, Mato Grosso. Sobre "boca de sertão", ver também Holloway (1984, p.32).

ver e crescer com suas exportações de açúcar. É ainda devido ao tropeiro que o Centro Sul do país estava vivendo o ciclo do café. (p.46)

O caixeiro-viajante também tinha um significado especial, não apenas nas bocas de sertão paulistas mas também na maior parte do Brasil, onde as grandes distâncias, o total isolamento e as diferentes necessidades eram muitas vezes supridas pelos caixeiros. Mário Palmério (1969) nos transporta, através da literatura, para o mundo típico do caixeiro-viajante:

> O sol o conhece ... não há mina d'água que não o chame pelo nome ... não há porteira de curral que se ria para ele, com risadinha asmática de velha regateira. Fazenda nenhuma lhe cobra pouso e merece comer na cozinha, com a dona da casa e as moças solteiras. Xixi Piriá é caprichoso: estica, primeiro, o oleado na mesona de uma tábua só de cabriúva; começa, depois de enfileirar as meadas de lã e de seda: 'olhem: perpétua, turquesa, pavão, jacinto, laranja, celeste ... Os botões agora: botão para camisa, botão para roupa de baixo ... Tesoura, dedais, alfinetes, facas, colheres, perfume, espelhos, novelos de renda. Hum, que chiqueza! (p.10)

Na concepção de Candido (1964, p.63), a formação histórica de São Paulo resultou numa sociedade cujo tipo humano ideal foi o aventureiro. Esses homens tanto podiam ser de prol como pobres-diabos, brancos, mamelucos, os chefes e os apaniguados. Outros eram homens que recebiam do governo ajuda para povoar as áreas inóspitas das bocas de sertão (cf. Holanda, 1991, p.39-40). Muitos dos que vieram como sesmeiros para os sertões de Araraquara eram descendentes de famílias nobres europeias:

> Carlos José Botelho, filho de Carlos Bartholomeu de Arruda, o mais antigo sesmeiro dos sertões araraquarense, era descendente de Sebastião Arruda Botelho natural da Ilha de São Miguel que aportou no Brasil em 1654, e este descendia de Dom Payo de Mogudo, senhor de Landin, natural de Galliza, rico homem de el-rei Dom Affonso VI, de Leão. Francisco Corrêa de Arruda era descendente da família Leme, antiga e nobre que possuía muitos feudos na cidade de Bruges, do Condado de Flandres, nos países Baixos, e por causa do comércio passaram de Flandres para Portugal. Entre 1554 e 1555 a família chegou na Villa de S. Vicente, então capitania de São Paulo. Joaquim Duarte Pinto Ferraz, era descendente de Pedro Vaz de Bar-

ros, filho da nobreza, vindo de Lisboa em 1605 para a capitania de São Paulo, da qual foi ouvidor e capitão-mor governador, tendo-se casado com d. Luíza Leme, filha do legendário bandeirante Fernão Dias Paes. (França, 1915, p.95)

Nesses povoados chamados de bocas de sertão desenvolviam-se diversas atividades para atender às diferentes necessidades dos que se dirigiam à região mineradora. Nos primeiros tempos, afirma Costa (1966, p.21), a cana-de-açúcar, o algodão, os cereais, o feijão, a mandioca e a criação de porcos constituíam os produtos básicos da economia dessas paragens. O crescimento do comércio de diversos artigos de primeira necessidade, de gêneros alimentícios e o desenvolvimento da economia criatória proporcionaram a transformação das bocas de sertão em regiões importantes para o desenvolvimento da província, com uma *economia própria* estrategicamente voltada para o mercado interno.

CRIADORES E AGRICULTORES

Candido (1964, p.20-9) analisou a sociedade que se formou na região paulista, no período entre os séculos XVI e XVIII, como um reflexo das intenções e ambições dos homens que procuraram essas terras. Intenções e ambições antagônicas. Uma leva desses homens, os que se voltaram para o cultivo da cana e do gado, tinha a intenção de participar do mercado de trocas, aberto à compra e venda de produtos, e estava disposta a enfrentar as flutuações e os imprevistos da atividade comercial. Outros homens buscaram conservar as características de uma economia itinerante embasada na coleta, na caça e pesca, e no cultivo de alguns poucos gêneros alimentícios. Nessa economia marcada pela mobilidade, os cultivadores não produziam visando à comercialização. A intenção era puramente de subsistência do grupo familiar. De acordo com Candido (ibidem), esses homens estavam inseridos em uma economia que ele denominou "economia fechada", produto da agricultura itinerante. A esse grupo pertenciam os sitiantes, posseiros e agregados; não os sesmeiros ou fazendeiros.

Para Mattos (1998), a economia de subsistência tem o mesmo sentido – voltada apenas para o sustento familiar: "As roças de subsistência eram precárias e móveis, pois muitos lavradores não possuíam suas próprias terras vivendo na condição de agregado" (p.79). Assim sendo, distinguia-se da produção de gêneros alimentícios voltada para a comercialização e produzidos em larga escala exigindo, portanto, extensões maiores de terra e sua posse legal, bem como a fixação do produtor.

No início do século XIX, a região araraquarense começou a despontar para o mercado da pecuária e, em seguida, para a produção de alimentos. O desenvolvimento da economia criatória em Araraquara não ocorreu como no Nordeste brasileiro, onde a economia açucareira favoreceu o surgimento de uma segunda economia, a criatória, traçando uma interdependência entre elas.[6] O caminho seguido em Araraquara foi no sentido inverso. A economia criatória favoreceu o surgimento das paragens, da produção de gêneros alimentícios, do comércio de produtos de primeira necessidade e, paralelamente, o cultivo da cana-de-açúcar.[7] Uma produção voltada principalmente para a economia interna.

Nos primórdios de Araraquara, durante o século XVIII, a população local desenvolveu lavouras de alimentos, na época chamadas "plantas para o gasto", concomitantemente com a criação de gado vacum e cavalar. No oitocentos, a partir de 1809, quando os registros de demarcações das grandes sesmarias começaram a ser legalizados, a economia criatória continuava em expansão e paralelamente eram cultivados milho, arroz, feijão e mandioca. Já nesse início "a posição de liderança assumida pelo grupo de criadores

---

6 A economia açucareira no Nordeste brasileiro incentivou uma segunda atividade econômica – a criatória, "sendo a criação nordestina uma atividade dependente da economia açucareira, em princípio era a expansão desta que comandava o desenvolvimento daquela ... Da mesma forma, no século XVII, a expansão da atividade mineira comandará o extraordinário desenvolvimento da criação do sul ... ao contrário do que ocorrera no nordeste, onde se partiu de um vazio econômico para a formação de uma economia pecuária dependente da açucareira, no sul a pecuária preexistiu à *mineração*. A economia mineira abriu um novo ciclo de desenvolvimento para atividade pecuária..." (Furtado, 1991, p.59-77).

7 Esses produtos, chamados de primeira necessidade, eram geralmente manufaturados, como sal, açúcar, carne-seca, farinha de mandioca, aguardente, fumo de corda (ou rolo), querosene, cobertores de lã, capas para proteger do frio e da chuva, arreios, selas, ferraduras etc.

e lavradores era justificada pela soma de seus bens, pela extensão de suas terras, pelo volume de seus rebanhos, pela sua capacidade de arregimentar trabalhadores livres ou escravos, pelas ofertas de garantia e segurança" (Corrêa, 1967, p.32-3 e 61).

Em São Carlos do Pinhal, que ainda era freguesia da Villa de São Bento de Araraquara, as demarcações começaram a ser regularizadas em 1810, com a Sesmaria do Monjolinho, e, em 1812, com a Sesmaria Quilombo. As plantações de milho, mandioca e algodão constituíam a economia são-carlense. Além da agricultura voltada para o consumo, os primeiros são-carlenses criavam bovinos e suínos. O toucinho era conduzido para as praças de São Paulo e Santos por meio de carros de bois e tropas. Segundo Neves,[8] havia em São Carlos uma indústria de tecidos de pano grosso de algodão, que era vendido em rolos, para sacos, lençóis de enxugar açúcar e roupa de escravos.

De acordo com o Quadro Estatístico da Província de São Paulo, organizado por Daniel Pedro Müller (1978, p.127), em 1836--1837, Araraquara produzia na época açúcar, aguardente, arroz, feijão, fumo, algodão em rama e milho. Havia também criação de gado e de porcos. Segundo o autor, na época a produção de açúcar era de 440 arrobas, a de arroz 1.735 alqueires e a de feijão 3.654 alqueires. Produziam-se ainda 61.131 alqueires de milho, 157 alqueires de fumo e 84 alqueires de algodão em rama. Foram fabricadas 70 canadas de aguardente. Em relação ao gado, Müller relata que havia 287 cabeças de gado cavalar e 2.667 cabeças de gado vacum. Os porcos perfaziam o montante de 5.883 cabeças.

Müller também fornece dados de produção para municípios próximos a Araraquara. Vejamos alguns exemplos a título de comparação. São Carlos (antiga denominação de Campinas) produzia 8.801 arrobas de café, 158.447 arrobas de açúcar, 7.399 canadas de aguardente, 3.672 alqueires de arroz, 952 alqueires de farinha de mandioca, 21.015 alqueires de feijão, 96.786 alqueires de milho e 358 arrobas de fumo. Quanto à criação de gado, Campinas possuía 221 cabeças de gado cavalar, 29 de muar, 687 de vacum, 134 de lanígero e 3.137 porcos.

---

8 Ver Neves (s. d., p.1; 1983, p.9).

Campinas, que já produzia café, era, na época, o maior produtor de açúcar de São Paulo. Os dados fornecem uma dimensão da produção ainda incipiente de Araraquara. Em Campinas, a produção de gêneros de primeira necessidade aparece em quantidade expressiva; contudo, o setor econômico voltado para a pecuária era pequeno, ao contrário da região de Araraquara, que apresentou um maior investimento na pecuária e em alguns gêneros de primeira necessidade.

Porto Feliz, bem mais próximo a Araraquara, não investia na pecuária e sua produção de gêneros de primeira necessidade era incipiente. Investia mais no açúcar e no café: 990 arrobas de café, 73.113 arrobas de açúcar, 560 canadas de aguardente, 468 alqueires de arroz, 40 alqueires de farinha de mandioca, 1.027 alqueires de feijão, 20.180 alqueires de milho, 25 medidas de azeite de amendoim, 190 arrobas de fumo e 20 arrobas de algodão em rama. A produção de arroz, feijão, milho e algodão era maior em Araraquara do que em Porto Feliz. A produção de café, açúcar, aguardente e fumo, gêneros de grande comercialização, era maior em Porto Feliz.

Os produtos comercializados pelos fazendeiros araraquarenses, como feijão, milho e porcos, já faziam parte da alimentação brasileira desde o século XVI. Na época, em São Vicente a variedade era o arroz e a carne de vaca e de porco. O feijão, o milho e a mandioca, plantas indígenas, constituíam, pois, o que se poderia chamar triângulo básico da alimentação caipira, alterando-se mais tarde com a substituição da mandioca pelo arroz.[9]

A dieta alimentar das famílias brasileiras, pelo menos das mais abastadas, não mudou muito até a década de 1880:

> meu estômago está custando a fazer amizade com a monotonia da comida invariável e com a banha com que é toda ela preparada aqui. Nestas benditas paragens, nossas boas batatas não dão senão como batatas doces, que chegam a pesar 9 libras e são simplesmente cozidas, ou preparadas com açúcar para sobremesa. (Binzer, 1956, p.26-7)

---

9 O arroz branco asiático foi cultivado aqui desde o século XVI, mas sua cultura só se generalizou com o Marquês de Pombal em meados do século XVIII (cf. Candido, 1964, p.48-52).

São as reclamações da educadora alemã Ina von Binzer,[10] que viajou ao Brasil, para prestar seus serviços a diferentes fazendeiros do Rio de Janeiro e São Paulo. Mais adiante ela consegue se adaptar à dieta alimentar brasileira e confessa:

> Combinei o melhor que pude um almoço homogêneo, escolhendo-o entre assado de porco, filé, feijão preto, galinha, arroz, angu e batata doce. Já fiz boa camaradagem com o feijão preto e com seu inseparável bolo de fubá sem sal, o angu; já ando namorando a farinha de milho e a mandioca que vêm à mesa em cestas de pão e que os brasileiros misturam com feijões cheio de caldo; não demorando muito em apaixonar-me pela carne de carneiro seca pelo sol, com a qual nos regalam frequentemente ao almoço ... Não há outras coisas aqui ... Senhores e senhoras absorvem quantidades incríveis de frutas em compota, balas de chocolate e de ovos, comendo-os junto com grandes pedaços de queijo. Preciso confessar – eu também! (Ibidem, p.26-7)

No universo rural, as plantas para o gasto de fácil acesso, aves de criação e carne de animais selvagens eram encontrados na natureza sempre à mão. O depoimento de Antônio de Pádua Corrêa, citado por Bierrenbach (1998, p.179), revela os hábitos alimentares das pessoas que moravam nas fazendas araraquarenses durante o século XIX. Baseavam-se naquilo que tinham em suas hortas e nos animais e aves domésticas que criavam e em outros tantos que caçavam, como codornas, perdizes, mutuns, coati, cotias, pacas, veados, antas e capivaras. Caçavam também cateto, porco-do-mato, macaco, tatu, lagarto, raposa (esta muito apreciada pelos negros), lontra, ariranha, onça-parda e onça-pintada. Percebe-se a quantidade de opções de carnes de diferentes bichos que um morador rural podia ter em sua mesa se dedicasse um domingo para caçar ou pescar. O Rio Mogi Guaçu oferecia cascudo, piracanjuba, dourado, piaba, bagre e lambari. Os legumes mais frequentes eram couve, juquiri, serralha, chicória, chicorião, almeirão, agrião-d'água, mostarda, caruru, cenoura, quibebe, repolho, alguma alface, abobrinha, chuchu, maxixe, cambuquira, batata-doce, mandioca, jiló, inhame, cará, palmito. Contudo consumia-se pouca carne

---

10 Essas observações estão registradas em cartas enviadas para a Alemanha pela própria Binzer e datadas de 20 de junho de 1881 (cf. Binzer, 1956).

de vaca, o habitual era carne de porco, frita em pedaços, em linguiça ou pernis.

O Quadro Estatístico da Província de São Paulo de 18361837 (cf. Müller, 1978) demonstra que, desde essa época, surgiram os fazendeiros que fizeram as "plantas para o gasto" perderem a característica de itinerante, de quintal, passando a ser produzidas em quantidades suficientes para serem comercializadas. Os agricultores investiram também no arroz, produto já consumido no mercado interno. Porcos e burros faziam o montante das cabeças. A carne de porco era uma das carnes mais apreciadas, o toucinho gerava a banha, base para o cozimento de qualquer alimento. Burramas eram usadas como transporte, individual, comercial e para os trabalhos da lavoura. Praticamente em todo o território brasileiro o transporte animal predominava e, sem dúvida, constituiu-se num importante segmento econômico.

O comércio interno desenvolvido nas regiões longínquas, muitas vezes de difícil acesso, foi fundamental para o desenvolvimento econômico do interior da província de São Paulo. Esses locais afastados começaram a formar uma rede imensa de pequenos municípios que se interligavam e possuíam as mesmas características econômicas: plantas para o gasto, uma tímida criação de animais e um comércio irregular de artigos de primeira necessidade. Com o passar dos anos perdiam essa característica de paragem e começavam a participar do mercado interno.

A economia sustentada pelos gêneros de primeira necessidade e a criatória não era fenômeno exclusivo dessas paragens estratégicas do Oeste Paulista. Em 1819, a maior província escravista do país, Minas Gerais, não estava fundamentalmente ligada à exportação, mas ao mercado interno. Entre 1818 e 1828, a saída de reses, toucinho e carne salgada de Minas Gerais aumentou mais de 170%. Entre 1824 e 1830, a saída de porcos superou a saída de café do Rio de Janeiro em 5,4%.[11] Essa dinâmica da região mineira pode ter influenciado os empreendedores pioneiros que povoaram a "boca de sertão" araraquarense em suas opções por esses segmentos econômicos que tinham expressão no mercado inter-

---

11 Dados fornecidos por Fragoso (1990, p.148-9).

no. Uma parte dos homens que se aventuraram pelo Rio Tietê até encontrar lugar ideal para começar seus empreendimentos era de migrantes da região de Minas Gerais.[12] Impulsionados pelas facilidades naturais do local, propícias para a economia criatória, esses homens investiram, assim como os mineiros, em gêneros básicos, formando um comércio irregular em prol dos viajantes que por ali passavam rumo ao novo caminho das minas.

Segundo Fragoso,[13] no final do século XVIII a economia colonial já apresentava indícios bastante significativos da dinâmica e de uma lógica peculiar do mercado interno voltado para o abastecimento de regiões dominadas pelo sistema *plantation*, aquelas que não se autoabasteciam, e aos mercados urbanos. Esse mercado interno era dinâmico, como também independente de flutuações externas, ou seja, não era a demanda do mercado exportador que determinava o crescimento ou não do mercado interno. Esse mercado se caracterizava essencialmente pela produção de gêneros alimentícios e pela economia criatória. Em vários trechos de seu trabalho, o autor refere-se à falta de pesquisa de base em certas regiões importantes para o entendimento dessa economia interna "paralela" à *plantation* seja na era colonial, seja posteriormente.

Fragoso (1998; 1990) levantou estatísticas de produtos básicos do abastecimento interno que eram destinados ao Rio de Janeiro entre 1812 e 1822. O autor observou que esses produtos eram destinados às áreas voltadas para a agroexportação:

> Nas regiões açucareiras como o Norte Fluminense, Bahia e Pernambuco, de um quarto a dois terços das entradas em seus portos de produtos provenientes do Rio eram destinados ao suprimento de mantimentos ... a plantagem entre outros mercados da colônia se nu-

---

12 "A população estabelecida em Araraquara era procedente em parte de Minas Gerais e em parte das vilas de Jundiaí, Mogi Mirim, Itú, Campinas e Porto Feliz" (Corrêa, 1967, p.61). De acordo com Ary Neves, numerosas famílias mineiras, vindas de Campanha e Alfenas, estabeleceram-se na vertente do Mogi e rios afluentes (Neves, s. d., p.2). Essas cidades não ficam muito longe do sul de Minas Gerais.

13 O primeiro argumento baseia-se em estudos sobre antigas regiões do Rio de Janeiro, o segundo abrange a inserção de regiões do país num mercado interno atuante. Cf. Fragoso (1998, cap.I, e 1990).

tria da farinha de mandioca de vários estados, do charque do Rio Grande do sul, dos muares de São Paulo, dos porcos e reses de Minas Gerais etc. (1998, p.105-9; 1990, p.149)

Em suas análises, o autor chama a atenção para uma importante questão: o peso dos segmentos econômicos ligados ao mercado interno. Fragoso (1990) defende a ideia de que "diferentemente do que se supunha, o mercado interno e as produções para ele voltadas possuem uma presença expressiva. Essa economia é um pouco mais complexa do que uma simples *plantation* escravista ligada ao mercado internacional" (p.149).

Baseado na "Entrada de cargas por regiões no Porto do Rio de Janeiro, 1812 a 1822", Fragoso observou que essa rede reproduzia o comércio de cabotagem entre regiões econômicas, especializadas no fornecimento de produtos para o mercado interno juntamente com o externo. A entrada de cargas no porto do Rio de Janeiro nesses anos classificava os seguintes produtos como básicos: farinha, milho, feijão carne, toucinho e peixe. Como outros produtos: trigo, alho, cebola, coco, laranja, azeite, queijo, manteiga e presunto. Os produtos de exportação eram: açúcar, aguardente, sebo, algodão, arroz e café. Fragoso (1998, p.86-7) demonstra a regionalização do comércio marítimo com regiões próximas ao Rio de Janeiro, algumas voltadas particularmente para o comércio de produtos da pecuária, como Minas Gerais, São Paulo, regiões do Sul e do Centro-Oeste. Os muares de São Paulo eram os preferidos.

As regiões que promoviam a comercialização de produtos básicos para o mercado interno, assim como produtos para o mercado externo, foram o Rio Grande do Sul em primeiro lugar, Santa Catarina, Cabo Frio e São Paulo. Fragoso (ibidem) constatou que a comercialização de produtos básicos destinados ao mercado interno era tão dinâmica e competitiva quanto a de produtos para a exportação. Ao que tudo indica, regiões como a de Araraquara investiram no promissor mercado pecuarista, em gêneros alimentícios, e, ao implantar a cultura açucareira, optaram pela produção de aguardente, pois esses eram produtos muito procurados no mercado interno.

Taunay (1939, p.107) revela que, durante o ano financeiro de 1835 a 1836, o preço da arroba de toucinho era similar ao da arroba do ouro. Saíram do porto de Santos 24.685 toneladas de toucinho avaliadas em 66:897$966 réis, o mesmo número de toneladas de ouro, 24.685, avaliadas em 66:897$860 réis. Os artigos derivados do gado, como o couro, contaram com 2.058 peças, avaliadas em 5:355$980, e 3.252 solas que também alcançaram a casa dos cinco contos de réis: 5:203$200.

Havia atividades ligadas ao comércio interno que "possuíam taxas de acumulação empresarial compatíveis com o comércio externo ... Tal é o caso dos negócios de gado bovino e muar feitos à grande distância, que uniam a Corte a São Paulo e Rio Grande do Sul" (Fragoso, 1990, p.158)[14] Os pecuaristas das "bocas de sertão" da região araraquarense, no Oeste Paulista, não tinham motivos para abandonar suas criações de animais para investir em produtos da agroexportação. Os preços dos animais mantinham-se na média, aumentando paulatinamente. É o que revela o exame dos preços das cabeças durante as décadas de 1830 a 1860. Por exemplo, os suínos em 1830 custavam 1$000 e, em 1860, passaram a valer seis vezes mais: 6$500. No caso dos bovinos, o preço médio duplicou: em 1830 custava 11$400 e, em 1860, passou a custar 23$000.

Tabela 1 – Preços de animais. Araraquara, 1830-1860

Década	Bovinos	Equinos	Suínos	Caprinos
1830	11$400	23$800	1$000	$932
1840	14$000	24$000	1$400	1$000
1850	20$000	35$000	6$000	1$000
1860	23$000	32$000	6$500	1$400

Fonte: Corrêa (1967, p.72).

---

14 Isso não significa, afirma o autor, que não existiam práticas monopolistas no comércio interno a curta e média distâncias.

Os negócios com a pecuária eram dinâmicos e prósperos, produziam lucros e incentivavam a acumulação. Durante a década de 1830, as maiores fortunas inventariadas na região de Araraquara foram de criadores. Maria Lapa de Souza possuía uma fortuna calculada em 20:350$560 (vinte contos, trezentos e cinquenta mil, quinhentos e sessenta mil réis). Antônio Luís da Costa, conhecido na região como grande pecuarista, aparece nas listas de votantes durante quinze anos como criador. Possuía uma fortuna avaliada em 15:558$540 (quinze contos, quinhentos e cinquenta e oito mil, quinhentos e quarenta réis); em terceiro lugar estava o criador Luís Antônio Gonçalves, com um montante de 5:980$350 (cinco contos, novecentos e oitenta mil, trezentos e cinquenta réis).[15]

Quase um século depois, o Conde de São Carlos do Pinhal, Antônio Carlos de Arruda Botelho, apreciador de cavalos, deixou como herança terras, colheitas, prédios e muitos animais. Em seu inventário (apenas da Fazenda do Pinhal) em 1901 constam:

> Tres trolys em bom estado, sendo dois arreados, avaliados em um conto de reis (1:000.000). Um garanhão de cor baia, avaliado por quinhentos mil réis (500.000); sete cavallos de custeio da fazenda, avaliados pelo total de setecentos mil réis (700.000); duas parelhas de bestas para troly, avaliadas a cento e vinte mil reis cada uma, ou pelo total de 480 mil reis (480.000); oito bestas para serviço de campo, avaliadas a cento e vinte mil reis cada uma, ou pelo total de novecentos e sessenta mil reis (960.000); vinte bestas para carroça, avaliadas a cento e cincoenta mil reis cada uma, ou pelo total de 3:000.000 (tres contos de reis); vinte e sete eguas de criar avaliadas a oitenta mil réis cada uma, ou pelo total de dois contos cento e sessenta mil reis (2:160.000); dez eguas com crias recém-nascidas avaliadas a cem mil reis cada uma, ou pelo total de um conto de reis (1:000.000); seis poltros de seis e meio annos de idade, avaliados a cento e cincoenta mil reis cada um, ou pelo total de novecentos mil reis cada um e meio annos de idade, avaliados a cem mil reis cada um, ou pelo total de (1:000.000) quatorze potrancas de um e meio annos de edade, avaliadas a cincoenta mil reis cada uma, ou pelo total de (700.000); quarenta e oito bois de carro, avaliados a cem mil cada um, ou pelo total de quatro contos e oitocentos mil reis (4:800.000); trinta e tres carneiros, avaliados a cinco mil cada um, ou pelo total de

---

15 Dados fornecidos por Corrêa (1967, p.75).

cento e sessenta e cinco mil reis (165.000); mil rezes de criar, avaliadas a quarenta mil reis cada uma, ou pelo total de quarenta contos de reis (40:000.000). Cafezaes (situados no Pinhal); setenta e nove mil pés velhos, e com muitas folhas, avaliados a setecentos réis cada pé, ou pelo total de 55:300.000. Dez mil pés de café de oito annos, e bom estado avaliados em mil e duzentos réis cada pé, ou pelo total de 12:000.000 ... (Apud Gordinho, 1985, p.105-6)

Os 1.182 animais da Fazenda do Pinhal foram avaliados em 56:365.000 (cinquenta e seis contos e trezentos e sessenta e cinco mil réis). Os 79 mil pés de café mais antigos, ainda produzindo muitos frutos, foram avaliados em 55:300.000 (cinquenta e cinco contos e trezentos mil réis). O inventário do Conde de Pinhal é uma ilustração pertinente no sentido de demonstrar mais uma vez que a pecuária, "a indústria pastoril" como denominada na região, era um setor importante ligado ao mercado interno que dava lucros e permitia a acumulação de capital.

Pelos inventários analisados por Corrêa (1967, p.74), pudemos observar um aspecto curioso. Além de constar bens imóveis e benfeitorias, escravos, animais, colheitas como herança, apareciam inventariadas ferramentas de trabalho. Isso significa que custavam caro, e que além disso o proprietário era, geralmente, o detentor dessas ferramentas. Em 1830, as ferramentas representavam 33% do valor proporcional dos bens inventariados. Em 1840 passaram a ser de 27%; em 1850, outra queda, chegando à casa dos 15%, e em 1860 a média ficou em torno de 14%. Porém, o preço médio dessas ferramentas com o passar dos anos triplicou. Na década de 1830 elas aparecem avaliadas numa média de 348$000, em 1860 passam de 1 conto de réis: 1:709$080. É impressionante o valor que esses instrumentos de trabalho alcançavam em relação à terra. De acordo com Corrêa (ibidem, p.67), o preço médio do alqueire de terra era inicialmente insignificante, sofrendo grande alta na década de 1860. Em 1830 um alqueire valia $419; em 1840, 1$600; em 1850, 1$300; e em 1860 chegou a valer dezoito vezes mais: 18$860. Valorizavam-se terras e evidentemente os instrumentos para lidar com ela. Nesse universo agrícola não bastava possuir somente terras e escravos, precisava-se ter dinheiro suficiente para comprar instrumentos de trabalho. Tanto que a fortuna desses homens e mulheres era avaliada pelas suas terras, animais, escravos, ferramentas e produção. Homens livres, pobres e despossuídos deviam ter dificuldades em adquirir ferramentas de trabalho, cristalizando assim o ciclo vicioso do poder das relações, como o domínio sobre a propriedade e as formas de produção.

Vejamos algumas dessas ferramentas de trabalho que eram importantes para qualquer pioneiro que quisesse fixar-se e tornar-se um lavrador de porte: além dos mais comuns, como enxadas, foices, machados, cavadeiras, enxós e picões, havia aparelhos de ferrar, argolas, baixeiros (diz-se da carona que se põe por baixo da enxerga, manta que se põe por baixo da sela; carona é peça de arreios que consiste numa manta de couro a qual se põe por baixo do lombilho), cabeças de estribo, cangas (jugo de bois), cangalhas (peça de três paus, unidos em triângulo, que se enfia no pescoço dos porcos), chedas (pranchas laterais do leito do carro de boi, na qual se metem os fueiros), chilenas (grandes esporas cujas rosetas às vezes têm pontas de mais de meio palmo), coleiras, coxonilhos (tecido de lã tinto de preto que se põe sobre os arreios, para cômodo dos cavaleiros), esporas, freios, ferraduras, ferros de marcar, ganchões, laços, lombilho (nome do apeiro que substitui, nos arreios, a sela, o selim e o serigote, que é uma espécie de lombilho), rédeas, rodeiros (eixos de um carro de boi), silhões (selas grandes com estribo só de um lado e um arção semicircular, próprias para senhoras quando cavalgam com saia), tapetes de selins, tiradeiras, trelas (tiras de couro), xergas (espécie de enxerga que se põe por baixo da albarda das bestas), enxerga (suadouro que se põe sobre o lombo do cavalo, por baixo dos arreios) (cf. Corrêa, 1967, p.73).

Ainda na década de 1840, as maiores fortunas inventariadas em Araraquara pertenciam aos proprietários que criavam gado, cultivavam gêneros alimentícios e cana-de-açúcar. São eles: Manoel Joaquim Pinto de Arruda, cujos bens estavam avaliados em 32:474$480; Maria Teodora de Andrade (15:266$800) e João Barbosa de Camargo (10:529$820 de bens inventariados) (cf. ibidem, p.75).

Os criadores araraquarenses voltaram-se para o mercado que ia além das fronteiras do município, expandindo e desenvolvendo a economia criatória que acabou tornando-se uma tradição. A cana-de-açúcar e os gêneros alimentícios continuaram a dividir espaço com o gado. Essa diversificação das atividades econômicas ocorria de maneira geral no espaço do município, mas também dentro de uma mesma propriedade, o que levou alguns estudiosos a denominá-las "fazendas mistas" (cf. ibidem, p.33-72).

Na década de 1847, a Vila de São Bento de Araraquara ainda pertencia à Comarca de Itu e, de acordo com os registros do *Alistamento de votantes*, possuía 176 lavradores; 3 criadores: José Luís da Costa, José Carlos Botelho de Almeida e João Carlos de Azevedo; 3 fazendeiros: Pacífico José Soares, Ricardo José de Campos, Manuel Joaquim Ferreira; 3 alfaiates; 1 carpinteiro e 1 escrivão, num total de 192 votantes.[16]

Em 1848, a lista de votantes se completou com 259 cidadãos aptos para o voto, sendo 236 deles lavradores; em 1849 esse número subiu para 304 e surgiram novos nomes sob a designação de fazendeiros. Entre eles estava Joaquim Lourenço Corrêa:

> o commendador Joaquim Lourenço Corrêa, em 1840, comprou de seu pae a sesmaria do "Lageado" com duas mil rezes, cincoenta eguas, animaes de custeio, muitas benfeitorias, casa de moradia, currais e algum pasto. Seu pae José Joaquim Corrêa, juiz de medições de terra, esteve em 1812 na região para demarcar sesmarias, gostou da sesmaria Lageado e a adquiriu. (França, 1915, p.68)

A lista incluía também Carlos José Botelho (filho do Conde de Pinhal) e Antônio Paes de Arruda. Em 1858 a Junta de Qualificação de Votantes da Freguesia de São Carlos do Pinhal, ainda pertencente à região de Araraquara, contava com 173 lavradores (cf. Madureira, 1989, p.50).[17]

Na década de 1850, as fazendas mistas, ou seja, as de criar com lavouras, continuavam a prevalecer nos inventários de maior

---

16 Arquivo Histórico da Casa de Cultura de Araraquara (manuscrito), Alistamento de Votantes, 1847-1868.
17 Temos de levar em consideração que nesse período havia critérios estabelecidos para votar. Os votantes tinham que ter uma renda anual acima de 100$000 (cem mil réis) e serem alfabetizados num país onde a educação era privilégio de poucos. Portanto, esse número de lavradores, principalmente os de pequeno porte, deveria ser bem maior na região como um todo. Sobre as condições de voto para o século XIX, ver Leal (1986) e Lessa (1988).

valor. É o caso das propriedades de Francisca de Paula Morais, cujos bens foram avaliados em 56:629:180; de Luís Caetano de Sampaio, em 47:078$680; e de Francisco de Paula Rodrigues em, 42:568$720 (cf. Corrêa, 1967, p.75). O montante dessas fortunas continuava a demonstrar claramente como esses setores voltados para a economia interna favoreciam a acumulação.

Segundo Taunay (1939), em 1854 Araraquara possuía "vastos campos em que se promovia a industria pastoril em grande escala, carecia esta industria de melhoramentos em beneficio da espécie vaccum. Possuía 4 fazendas de café, dando mais de duas mil arrobas no valor de 6:000$000; 12 engenhos de açúcar com uma produção de 5 mil arrobas e 10:000$000; e 50 fazendas de criação de gado" (p.176)

A consolidação da atividade de criação de gado é indicada pelo fato de haver comercialização com outras regiões. De acordo com Corrêa (1967, p.33-72), a economia criatória, desde o princípio, em 1817, tinha como objetivo a produção de laticínios, como atestam as anotações de venda de queijos e de bois. Nesses registros consta a indicação que "exportou". Em se tratando de venda de bois, é de supor que essa venda destinava-se a um mercado fora da região. Os porcos alcançaram grande valorização em 1850. Os rebanhos de suínos, além de sua importância para o consumo local, eram também destinados à exportação. Além dos rebanhos, exportava-se também o toucinho, gênero alimentício importante. Em 1859, o único artigo da região que foi registrado como tendo sido exportado foi justamente o toucinho. Em 1852 a região exportou 13 mil porcos e mil reses.

Para onde "exportavam" esses produtos? Como observa Gorender (1978, p.84), "toda plantagem precisava de gado bovino e cavalar como meio de transporte, força motriz e fonte de alimento". Em meados do século, tornou-se natural a prática de substituir áreas dedicadas aos gêneros alimentícios básicos por culturas como a cana-de-açúcar e o café. Os fazendeiros das zonas cafeeiras prefeririam importar os víveres alimentícios de outras regiões, pois a cana, assim como o café, oferecia maior margem de lucro. Costa (1966, p.23) alega que essa preferência tinha uma justificativa economicamente plausível, pois o café oferecia maior margem de lucro, exigia menos capital e cuidados mais simples e estava menos sujeito a avarias inerentes ao mau estado das vias de comunicação.

Na época, a carestia de alimentos foi observada pelo funcionário do governo, Sebastião Soares. De acordo com Soares (1977, p.132-3), nos primeiros anos depois da extinção do tráfico de escravos, o país se viu às voltas com a escassez e carestia dos gêneros alimentícios de primeira necessidade, como milho, mandioca, arroz, feijão, toucinho e outros.[18] O autor observa que, em 1860, o motivo básico dessa alta nos preços alimentícios foi um erro de raciocínio dos próprios lavradores, que, ávidos por lucro, substituíram por café suas lavouras de alimentos. Supunham os cafeicultores que o café lhes proporcionaria lucros suficientes para importar qualquer produto básico que viesse a faltar.

No registro de "exportação" da região de Araraquara não consta o local para onde foram mandadas as reses ou produtos, porém não é difícil imaginar os prováveis mercados consumidores. Provavelmente, por exemplo, Campinas, que foi uma das pioneiras do Oeste a substituir suas antigas culturas pela cana e depois sistematicamente pelo café, caracterizando-se como região de *plantation*. Com o passar de poucos anos a região se viu às voltas com a escassez de produtos de primeira necessidade, tendo assim de importar de regiões mais próximas, que forneciam algodão, toucinho, queijo, feijão e outros. De acordo com Taunay (1939, p.106 e 171), Campinas contava com 83 engenhos e apenas 9 fazendas de café em 1835. Em 1854, num prazo de 19 anos, o número de fazendas de café aumentou para 177, com uma colheita de 335.550 arrobas (com um rendimento de 1.006:650$000). O número de fábricas de açúcar aumentou para 44, produzindo 62.290 arrobas, no valor de 99:694$000. A Tabela 2 mostra a evolução do comércio com reses.

Na amostra, a quantidade de reses abatidas aumenta de acordo com os anos, e o número de criadores vai se reduzindo. Isso significa que passa a haver uma maior concentração de cabeças nas mãos de poucos criadores. Com certeza, o aumento populacional incentivou o crescimento do consumo de carne. Em 1837, a popu-

---
18 Sobre a carestia de alimentos, ver também Costa (1966, cap.I).

lação araraquarense contava com 2.333 pessoas livres e 395 cativos, perfazendo um total de 2.728 (cf. Müller, 1978, p.141). No início da década de 1870, o total da população araraquarense girava em torno de 21.504 habitantes (cf. Santos, 1972). Entre os anos de 1871 e 1872, foram abatidas 122 reses no Matadouro Municipal. A função do Matadouro Municipal era o corte de carne para prover a área urbana, como também atender aos criadores que comercializavam esse produto.

Tabela 2 – Quadro geral de reses abatidas. Araraquara, 1860-1879

Ano	Criador	Reses abatidas
1860	9	51
1861	6	45
1862	6	54
1863	7	68
1864	7	72
1865	7	55
1871	7	70
1872	5	52
1877	4	138
1878	3	203
1879	3	188

Fonte: Arquivo Histórico da Casa de Cultura de Araraquara (manuscrito), *Matadouro Municipal: Registros de reses abatidas, 1860-1879*.

Para muitos trabalhadores da "roça" a carne para consumo era adquirida no próprio local de trabalho. Vejamos a descrição dessa prática na Fazenda do Pinhal:

> Depois da cozinha, havia uma enorme despensa, chamada também de quarto de carnes, porque era onde ficava, pendurado nas traves do telhado, o quarto de boi destinado ao consumo da casa por uma semana. O piso era atijolado e embaixo da carne de boi fazia-se um montinho de terra, de modo que o casco do animal o tocasse, procedimento usado para que o alimento não estragasse. O resto do boi era vendido aos colonos. (Gordinho, 1985, p.136)

O livro de administração da fazenda do Dr. Carvalho nos revela dados interessantes sobre a compra de carne por trabalhadores na própria fazenda onde trabalhavam. Numa segunda-feira, dia 12 de março de 1883, Manoel Antônio, empregado da fazenda, comprou um capado por 20$000 (vinte mil réis) e no fim do mês um "mayado" por 3$500 (três mil e quinhentos réis). Em 1884, o empreiteiro do Dr. Carvalho, Felipe de Arruda, ficou devendo no mês de janeiro 1$000 (mil réis) por uma leitoa. Em 12 de março de 1884, uma quarta-feira, voltou a dever 16$000 (dezesseis mil réis) por um capado. Salvador Mariano comprou num domingo, dia 6 de julho de 1884, um capado valendo 28$000 (vinte e oito mil réis). Em outro domingo, 24 de agosto do mesmo ano, comprou outro capado no valor de 5$000 (cinco mil réis); no mesmo mês ficou devendo uma leitoa no valor de 3$000 (três mil réis) e mais um capado por 20$000 (vinte mil réis); José Pinto Fernandes, em julho de 1884, ficou devendo uma leitoa no valor de 1$000 (mil réis) e um capado a 18$000 (dezoito mil réis).[19]

Um capado podia ser um carneiro ou um bode castrado, mas o certo seria um porco castrado que se deixa cevar, ou seja, engordar. Esses dados revelam o universo peculiar da fazenda, a prática costumeira, o cotidiano, a preferência pela carne de porco. Mesmo num domingo, dia de descanso, o fazendeiro se propôs a atender seu empregado, Salvador Mariano, que queria comprar um porco. Quando se matava um boi, a carne, por ser em grande quantidade, era dividida entre os da casa, e o restante dela os empregados compravam. Esses produtos eram marcados como débito pessoal na conta dos empregados da fazenda e no final do mês eram descontados de seu salário.

OS ENGENHOS DE AÇÚCAR

A cana-de-açúcar começou a ser plantada na região logo após a pecuária ter obtido resultados, pois os registros dos "engenhei-

---

19 Arquivo Histórico da Casa de Cultura de Araraquara (manuscrito), Livro de administração de fazenda, 1883-1888.

ros do açúcar" datam do início do século XIX. Os lavradores da região de Araraquara já demonstravam interesse pelo cultivo da cana desde 1825 quando

> Manoel Joaquim Pinto de Arruda, dono da sesmaria do Ouro explorava a indústria pastoril e cultura de canna de assucar. Luiz Caetano de Sampaio, em 1836, comprou a fazenda Boa Vista das Almas, dedicou-se a cultura da canna e indústria pastoril, construiu um dos primeiros engenhos de canna "Engenho Velho". (França, 1915, p.64-5 e 73)

O Quadro Estatístico da Província de São Paulo de 1836-1837 revela um começo tímido, apenas setenta canadas de aguardente. A cana-de-açúcar já começa a dividir espaço com os gêneros alimentícios e com a criação de animais. Em 1840, Joaquim Lourenço Corrêa comprou a Sesmaria do Lajeado, dedicando-se inicialmente à criação de gado e depois ao cultivo da cana (cf. Corrêa, 1967, p.66). Nove fazendeiros fizeram o mesmo. Apenas uma década depois, em 1850, foi que mais oito fazendeiros se aventuraram no cultivo da cana-de-açúcar.[20]

De acordo com Petrone (1968, p.12-8), a cultura de cana em São Paulo remonta aos tempos das capitanias hereditárias no governo de Martin Afonso de Souza, mas não chegou a concorrer diretamente com a do litoral nordestino. Sua produção não foi suficiente para promover um desenvolvimento condizente com as expectativas do mercado exportador. Segundo relatos de época, a situação da agricultura na província estava em péssimas condições, não produzia nada que pudesse ser exportado. O desenvolvimento da cana em São Paulo ocorreu a partir da última década do século XVIII, no governo do Morgado de Mateus. A produção aumentou gradativamente por causa do incentivo administrativo e

---

20 Em 1840, os nove fazendeiros que passaram a cultivar cana juntamente com a criação de gado foram: Carlos José Botelho, José Joaquim de Sampaio, Antônio Ferraz de Camargo, Luciano Ribeiro de Almeida, Cristóvão Corrêa e Castro, José Antônio do Amaral Campos, João Marins Peixoto, Antônio Pais de Arruda e Manuel José do Amaral. Os fazendeiros que iniciaram a cana em 1850 foram: Joaquim José de Abreu Sampaio, Germano Xavier de Mendonça, Francisco de Paula Corrêa da Silva, João Aranha do Amaral, João Batista do Amaral Campos, Amâncio Gomes Ramalho, João de Almeida Leite Morais e Luís Bernardo Pinto Ferraz (cf. Corrêa, 1967, p.66).

da maior procura no mercado europeu. Formou-se uma área de quatro municípios altamente produtivos, chamado de quadrilátero do açúcar: Sorocaba, Piracicaba, Mogi Guaçu e Jundiaí.

Em relação ao Oeste Paulista, de acordo com Dean, os fazendeiros

> não possuíam capital e não podiam nem ao menos acompanhar as técnicas retrógradas dos engenhos da costa, e tinham de pagar custos mais altos de transporte ... Ao contrário do que ocorria no nordeste onde havia numerosos rendeiros e cultivadores sem engenhos, em São Paulo, quase toda a cana era cultivada pelo proprietário do engenho em sua terra e com seus escravos. (1977, p.40)

Esses problemas talvez tenham contribuído para os "engenheiros do açúcar" optarem por produzir aguardente, já que não podiam concorrer com o Nordeste açucareiro no fabrico do açúcar.

A produção de aguardente, em regiões não tradicionais do açúcar, para atender à demanda brasileira é um fenômeno pouco observado na historiografia. A província de São Paulo, no começo do século XIX, passou a liderar na exportação de aguardente, derivado da cana. Vejamos alguns dados:

Tabela 3 – Entrada de cargas por regiões no Rio de Janeiro, 1812--1822 (SP, RS, SC)

Ano	Mercado interno	Produtos básicos	Outros produtos	Produtos exportação	Aguardente
1812	São Paulo	58	1	52	29
1813	São Paulo	72	3	89	31
1814	São Paulo	39	6	14	26
1817	São Paulo	20	–	44	9
1822	São Paulo	3	8	133	14
1812	R. G. Sul	157	136	131	–
1814	R. G. Sul	148	166	296	–
1817	R. G. Sul	116	95	230	–
1822	R. G. Sul	122	41	124	–

continuação

Ano	Mercado interno	Produtos básicos	Outros produtos	Produtos exportação	Aguardente
1812	S. Catarina	83	25	21	–
1813	S. Catarina	66	19	14	–
1814	S. Catarina	99	13	25	1
1817	S. Catarina	43	6	12	–
1822	S. Catarina	83	9	30	–

Fonte: Fragoso (1998, p.88-90).

De acordo com Taunay (1939), a província de São Paulo realizava uma grande massa de transações com a praça do Rio de Janeiro,

> cerca de 2.400 contos num total de 2.872:972$039. No anno financeiro de 1835-1836 ainda o assucar o gênero tradicionalmente produzido em São Paulo, preponderava sobre o café. ... assucar 96.730 arrobas no valor de 1.180:115$514. Café 76.336 arrobas no valor de 266:588$166. No oeste ainda superava o assucar. Campinas, 83 engenhos e apenas 9 fazendas cafeeiras. Itu, 93 engenhos. Mogy-Mirim, 35 engenhos. Capivari, 52 engenhos. Jundiahy 29 engenhos. Porto Feliz 76 engenhos. Piracicaba, 78 engenhos. (p.106 e 197)

A cultura canavieira expandiu-se por alguns municípios, como Sorocaba, Mogi-Guaçu, Jundiaí, Itu e Campinas. Estes dois últimos tomaram impulso expressivo no mercado exportador apenas na primeira metade do século XIX.[21] Os demais municípios do Oeste Paulista não tinham como acompanhar os outros concorrentes (cf. Petrone, 1968, p.12-45). Vejamos na Tabela 4 a produção de açúcar, em 1836, que ainda sobrepujava o café em alguns municípios paulistas, entre eles, Araraquara.

---

21 Eisenberg (1989, p.343-89) faz um estudo específico sobre Campinas e sua participação no mercado exportador.

Tabela 4 – Produção açucareira na província de São Paulo, 1836

Municípios	Café (arrobas)	Açúcar (arrobas)
Parnayba	55.000	680
Bragança	2.480	–
Atibaia	520	–
Jundiahy	1.276	11.800
Campinas	8.081	158.447
Mogy-Mirim	610	40.520
Franca	210	272
Itu	1.052	91.956
Capivary	310	52.193
Porto Feliz	990	73.113
Araraquara	–	440
Sorocaba	770	2.930
Itapetininga	30	5.500
Faxina	–	500
Total	71.329	438.351

Fonte: Taunay (1939, p.103).

Em 1852, a Câmara Municipal informou ao governo provincial a situação da região de Araraquara em relação aos seus engenhos de açúcar. Segundo foi relatado, as propriedades açucareiras eram pequenas, trabalhando nelas dois ou quatro escravos, mais as pessoas da família do proprietário. Havia dezesseis fazendas de cana (cf. Corrêa, 1967, p.68 e 74). Segundo a autora, a produção visava ao consumo interno e apenas duas exportavam.[22] Taunay (1939, p.176) aponta doze engenhos de açúcar com uma produção de 5 mil arrobas, para o ano de 1854. Talvez fosse mais compensador produzir em pequena escala para o consumo local e vender o excedente a preços compatíveis com a realidade econômica

---
22 Nesse período, o termo "exportava" referia-se à comercialização para fora dos limites municipais.

da região, pois, como observa Corrêa (ibidem, p.74), "a prosperidade se processava de modo muito lento atingindo apenas alguns elementos. A maior parte da população continuava a se dedicar à lavoura de subsistência, cultivando o milho, o feijão e o arroz ou a criar algumas cabeças de gado, reduzindo ao máximo os bens de consumo".

Essa abordagem geral que fizemos sobres as atividades econômicas exercidas na região de Araraquara, ainda como "boca de sertão", na produção de alimentos, da aguardente ou na pecuária, tem como objetivo resgatar a história dessas esquecidas regiões longínquas do sertão paulista. Diferentemente do que se imaginava, não eram apenas paragens e freguesias fragilmente erguidas longe dos mais antigos e prósperos centros urbanos ou agrários. Destinadas inicialmente a atender viajantes e tropeiros, com uma população instável e itinerante, dedicada ao cultivo de roças de subsistência e criação de gado, elas foram se transformando ao longo do século XIX e consolidando uma economia própria, como uma economia diversificada, próspera, com uma dinâmica integrada às necessidades do mercado interno. Esse desenvolvimento contribuiu para moldar uma estrutura fundiária baseada nas pequenas e médias propriedades. Essa estrutura de certa forma viria a condicionar as bases das relações de trabalho que continuaram a perdurar posteriormente, quando a expansão cafeeira atingiu a região integrando-a à economia agroexportadora.

MÃO DE OBRA NAS BOCAS DE SERTÃO

A economia voltada para a pecuária e gêneros alimentícios geralmente utilizava trabalhadores livres e poucos escravos. É o que demonstram alguns estudos em diferentes regiões voltadas para esse tipo de economia. Por exemplo, os dados para Minas Gerais indicam que, entre 1831 e 1840, foram feitos censos, em vinte mil domicílios, dos quais 66,7% não contavam com um único escravo. Em 6.583 domicílios onde havia escravos, a concentração dessa mão de obra se dava em plantéis de três a cinco cativos. De acordo com Fragoso (1990, p.157), o baixo índice das relações escravistas na economia mineira deve-se em parte à economia assentada na agropecuária ligada ao mercado interno e ao trabalho de base familiar.[23]

Costa (1977) constatou o mesmo fenômeno ao estudar o município de Bananeiras, na Paraíba do século XIX. Pela análise dos inventários *post-mortem* para o período, Costa verificou que, entre 1830 e 1888, os setores ligados à produção de algodão ou cana, voltados para a exportação, apresentavam uma população escrava em torno de 64%. A parte menor da população cativa, 36%, estava ligada ao cultivo de mandioca e à criação de gado em pequena escala. Outro ponto importante revelado na análise da autora é que apesar de o setor açucareiro ocupar o maior número de escravos, alguns senhores de engenho operavam com reduzidíssimos plantéis, e alguns *não possuíam nenhum escravo*.

Em Taubaté, na região do Norte Paulista, os estudos de Rangel revelam que

> os agregados constituíam os elementos mais humildes da população livre, pois além de viverem de favor, em sua maioria não possuíam escravos: 459 em 518 domicílios (88,6%) não possuíam escravos... Dentre os proprietários de terra, 128 possuíam 1034 escravos e o restante, em número de 236, não possuíam escravos. Logo, em sua imensa maioria, os proprietários de terra não possuíam escravos. (1998, p.357-61)

Esses estudos focalizando Minas Gerais, Bananeiras e Taubaté revelam que o emprego de mão de obra escrava podia depender do tamanho da propriedade, da finalidade da produção e das condições do mercado para os gêneros produzidos e sua quantidade.

Há indícios para se afirmar que a região araraquarense apresentou quadro semelhante ao de outras áreas voltadas para a economia de gêneros alimentícios e criatória. Além de um pequeno número de escravos, agregados e camaradas constituíam a mão de obra no princípio das atividades de criação e de plantio de víveres alimentícios na região.

---

23 Contudo, adverte Fragoso, esses números não nos devem dar uma imagem distorcida de Minas; esta, ao longo do século XIX, constituiu a maior província escravista do país.

Em 1811, em Araraquara, havia 12 escravos e 17 agregados. Em 1818 havia 54 escravos e 100 agregados. Em geral, o número de agregados era de dois ou três por morador. Em fazendas maiores havia maior concentração de nacionais livres: na fazenda do Padre Joaquim Duarte havia, em 1815, seis agregados; na fazenda de Francisco Xavier havia 23 agregados. Em 1818 havia, no município, 54 escravos e 100 agregados, de acordo com Corrêa (1967, p.35).

Nos anos finais da década de 1830, quando a cultura de gêneros alimentícios e a pecuária já estavam consolidadas, a população cativa, de 54 escravos existentes em 1818, subiu para 395 escravos. Vejamos o seguinte quadro:

Tabela 5 – População escrava. Araraquara, 1836-1837

Idade	Homens	Mulheres
De 0 a 10	62	57
De 10 a 20	39	41
De 20 a 30	65	29
De 40 a 50	42	28
De 50 a 60	19	5
De 60 a 70	3	4
De 70 a 80	–	–
De 80 a 90	–	–
Total	230	164

Fonte: Müller (1978, p.141).

Pode-se observar que existe um número relevante de crianças escravas entre 0 e 10 anos. Como era de esperar, o número de homens aptos para o trabalho é bem maior, inclusive, que o de mulheres. Quanto à população livre, Müller apresentou o seguinte quadro: 1.249 homens e 1.116 mulheres, num total de 2.365 livres.

O universo das relações humanas não se define somente nos números, nas estatísticas. Nessas longínquas "bocas de sertão" os laços sociais perpassam fundamentalmente pelo núcleo familiar, onde senhores, administradores, agregados, camaradas e escravos conviviam na unidade produtiva num relacionamento estreito:

Quanto aos camaradas condutores de tropas, embora estivessem a maior parte do tempo pelas estradas, o trabalho desses tropeiros faziam parte regularmente do pessoal da fazenda. Nas suas atribuições incluíam-se as curtas e simples viagens aos centros próximos até condução de uma grande e complexa caravana por caminhos longos e difíceis. (Franco, 1969, p.63-8)

Os aventureiros à procura de ouro durante o século XVII, nas novas minas cravadas no Mato Grosso, necessariamente passavam por Araraquara, a boca de sertão estratégica para se abastecerem, descansarem, ou mesmo trocarem de animais ou outros produtos. Esses transientes, por mais desenraizados que fossem, deixavam suas histórias e experiências; possivelmente alguns desses viajantes ali resolveram começar novos empreendimentos. A região mato-grossense, no início do século XIX, assim como Araraquara, desenvolveu o mesmo tipo de economia – pecuária extensiva e agricultura de alimentos. Essas novas fronteiras tinham a mesma característica econômica e tudo leva a crer que também possuíam o mesmo tipo de organização e de mão de obra baseada mais no trabalho livre e contando menos com trabalho escravo.

Fragoso (1990, p.181) afirma que a agropecuária organizava as relações sociais de trabalho de duas maneiras: a primeira não se fundava no assalariamento, mas num tipo de relação em que o trabalhador era remunerado pela concessão de um lote de terra de onde retirava sua subsistência – a chamada *roça de subsistência*; na segunda, quando se empregava na condição de camarada, o trabalhador recebia um pequeno pagamento monetário. Na pecuária encontrava-se o "sistema de quarta", pelo qual o vaqueiro recebia um quarto das crias do gado que estivesse sob seus cuidados.

Segundo Furtado (1991, p.120), "dentro da economia de subsistência cada indivíduo ou unidade familiar devia encarregar-se de produzir alimentos para si mesmo. A 'roça' era a base da economia de subsistência. Entretanto, não se limita a viver de sua roça o homem da economia de subsistência. Ele está ligado a um grupo econômico maior, quase sempre pecuário...".[24]

---

24 Para o autor, o setor de subsistência possuía uma mínima densidade econômica.

Estudos para outras regiões, como Minas Gerais, Bananeiras e Taubaté, têm revelado que a mão de obra empregada na economia criatória e na cultura de gêneros alimentícios era constituída basicamente de mão de obra livre nacional. A agricultura de gêneros alimentícios tinha como base fundamental o trabalho familiar, geralmente os trabalhadores eram os proprietários ou famílias de agregados. Estes últimos, sem embargo, eram indivíduos que não tinham acesso à própria terra e viviam de favor nas fazendas, prestando diversos tipos de serviços ao proprietário.[25]

O mesmo acontece com a cultura da cana-de-açúcar na região araraquarense, que dividia espaço com a cultura de gêneros alimentícios e a pecuária, apresentando um quadro de organização de mão de obra em que alguns cativos trabalhavam juntamente com agregados e familiares proprietários. A forma como a mão de obra se organizava determinava um universo rural constituído por códigos, por um cotidiano rico em detalhes que por vezes passou despercebido por aqueles que privilegiam em seus estudos áreas em que o cativo é a mão de obra predominante.

Não foi apenas o tipo de economia que promoveu essa organização de mão de obra nas bocas de sertão. A estrutura fundiária estabelecida na região constituiu outro fator fundamental para que as relações de trabalho fossem pautadas também na mão de obra livre. No capítulo seguinte vamos discutir a questão da distribuição de terras e como a estrutura fundamentada influenciou a composição da mão de obra no momento em que os fazendeiros da região voltaram-se para um novo produto e para um mercado até então novo para eles. É a chegada do café.

---

25 A respeito de Minas Gerais, ver Fragoso (1990, p.157); sobre o município de Bananeiras, cf. Costa (1977); e no caso de Taubaté, ver Rangel (1998, p.357-61).

2 CAFÉ, TERRA E MÃO DE OBRA NAS BOCAS DE SERTÃO

Araraquara e São Carlos fazem parte daqueles municípios que começaram tardiamente a implantação do café, entrando num mercado já bastante competitivo dominado pelas antigas zonas cafeeiras.

Este capítulo examina a produção cafeeira, o movimento e a dinâmica provocada por sua expansão do Vale do Paraíba em direção ao Norte e ao Oeste Paulista, zonas de valiosas terras roxas. O nosso propósito é dar uma ideia do desenvolvimento da cultura cafeeira na província de São Paulo com o objetivo de situar o momento e as condições que caracterizam a entrada da região em estudo nesse processo de expansão e em direção à economia agroexportadora. O início de produção de café na região se dá na década de 1860. A aprovação da Lei de Terras e a extinção do tráfico internacional de escravos em 1850 anunciam as grandes transformações que teriam impacto significativo ao longo da segunda metade do século XIX. Como veremos, na virada para o século XX, a estrutura fundiária e a organização da mão de obra na região tinham se modificado bastante, principalmente em decorrência da expansão cafeeira.

O CAFÉ CHEGA À REGIÃO

A quem viaja pelos sertões do noroeste paulista empolga o espetáculo maravilhoso de preamar do café. A onda verde nasceu humilde em terras fluminenses. Tomou vulto, desbordou para São Paulo e, fraldejando a Mantiqueira, veio morrer, detida pela frialdade do clima, à orilha Pauliceia.

Mas não parou. Transpoz o baixadão geento e foi-se espraiar em Campinas ... Veio sorrir ali, ao pisar esse oásis de rubídio que é o Oeste Paulista. E arranchou-se de vez para sempre em sua casa.

Repete-se, então, o movimento bandeirante de outrora ... Polvo com milhões de tentáculos o café rola sobre a mata que o sórvete.

Nada o sacia. Já comeu as zonas ubérrimas de Ribeirão Preto, Jahú, Araraquara, os pedaços de ouro de São Paulo. (Lobato, 1921)

A lavoura de café inicia-se em São Paulo no final do século XVIII, em São José do Barreiro, Areias e Bananal.[1] Por volta de 1822 atingia Jacareí e Taubaté. Em meados do século XIX, o café começou um período de franca expansão impulsionada pelas mudanças econômicas e pelo desenvolvimento tecnológico na Europa e nos Estados Unidos. Com o crescimento urbano e a elevação do nível de vida, mudaram os padrões de consumo de massa, possibilitando a aquisição de um produto que até então era apenas visto na mesa dos mais abastados – o café. O aumento da demanda incentivou os lavradores brasileiros a plantarem mais cafezais.[2]

As tabelas a seguir fornecem alguns dados sobre a produção cafeeira em São Paulo em meados da década de 1830. Como podemos perceber, a produção da região do Vale do Paraíba Paulista era bem mais expressiva que a do Oeste Paulista. No Oeste, Campinas já se sobressaía, mas sua produção não rivalizava com a dos municípios do Vale.

---

1 Em 1840, o café já representava mais de 40% do valor das exportações e assumia o primeiro lugar como produto brasileiro de exportação. Cf. Furtado (1991, p.113).
2 Sobre as causas do aumento da demanda do café, ver Holloway (1984, p.18); Costa (1966, cap.I).

Tabela 6 – Produção cafeeira em alguns municípios do Vale do Paraíba, 1836-1837

Municípios	Café (arrobas)
Areias	102.797
Bananal	64.822
Pindamonhangaba	62.628
Jacareí	54.000
Lorena	33.649
Taubaté	23.607
Paraibuna	23.322
Guaratinguetá	22.442
S. L. da Paraitinga	16.200
Mogi das Cruzes	11.237
S. José dos Campos	9.015
Cunha	50
Total	423.769

Fonte: Müller (1978, p.126-7).

Tabela 7 – Produção cafeeira em alguns municípios do Oeste Paulista, 1836-1837

Municípios	Café (arrobas)
Atibaia	520
Jundiaí	1.276
Campinas	8.081
Mogi Mirim	610
Franca	211
Itu	1.052
Capivari	310
Porto Feliz	990
Araraquara	–
São Roque	30
Sorocaba	30
Total	13.110

Fonte: Müller (1978, p.126-7).

Tabela 8 – Produção cafeeira da Província de São Paulo em 1835

Regiões	Total em arrobas
Nordeste Paulista	423.773
Litoral Paulista	864
Oeste Paulista	75.979

Fonte: Taunay (1939, p.104).

Na década de 1850, o Vale do Paraíba paulista estava no auge da produção, e Bananal já era o maior produtor de café da província paulista. A cultura cafeeira em São Paulo foi beneficiada por uma estrutura e uma organização criadas pela economia açucareira. De acordo com Petrone (1968, p.223-4),[3] ao organizar a infraestrutura indispensável à sua comercialização – estradas, aparelhamento do porto, comércio –, o açúcar também organizou as bases para o cultivo do café na província.

As primeiras mudas de café em Araraquara foram plantadas em 1833 por José Joaquim de Sampaio na Sesmaria Ouro. Em razão das dificuldades de transporte, o café era cultivado principalmente nas regiões mais próximas à costa e aos portos. Como afirma Taunay,

> O temor da geada e a difficuldade de transporte dos centros afastados de produção, a centenas de kilometros dos portos de Santos, consituíam os grandes óbices ao desenvolvimento da lavoura cafeeira ... Além de Campinas não existiam nos demais municípios fazendas de café propriamente ditas, ao que parece, apenas cafezaes, maiores ou menores geralmente pequenos annexos aos engenhos de açúcar. (1939, p.103-6)

Desde 1836, Araraquara aparece entre os municípios que apresentaram "Orçamentos de Receita e Despesa" à Assembleia Provincial. Ao analisar essa documentação, Taunay (1939, p.236-9) observou evoluções na receita dos municípios e atribuiu o aumen-

---

3 Costa (1966, p.22) observou a substituição da cana-de-açúcar e gêneros pelo café, no Oeste Paulista. Na zona campineira, diz a autora, em menos de vinte anos o café ocupou todos os espaços da cana, que havia sido a grande riqueza do passado.

to das arrecadações a um "reflexo da produção cafeeira nas rendas dos municípios paulistas". Em 1836, o município de Campinas recolheu o valor de 1:023$000, e entre os quarenta municípios listados, encontrava-se na 12ª posição em termos de arrecadação. Araraquara ocupava a 34ª posição e a quantia recolhida era de 200$000. Um quinquênio mais tarde nota-se a ascensão das rendas dos municípios cafeeiros nortistas; Campinas, que recolheu 2:063$271, ficou em 11º lugar. Araraquara arrecadou 731$659 e passou a ocupar o 30º lugar em termos de arrecadação, numa lista de 41 municípios. Em 1846, caminhava o norte rapidamente para o apogeu de suas lavouras, informa Taunay (1939, p.236-9): "As rendas da Câmara Municipal de Ubatuba sobrepujavam a capital da Província! Santos decaía e Campinas ainda não se avantajava". Campinas, com 2:252$430, estava em nono lugar. Araraquara, com 615$430, em 24º. "Em 1851 o oeste cafeeiro dá mostras de grande vitalidade com os progressos de Campinas (3:065$950), Limeira (3:067$950) e Rio Claro (1:716$000)" (ibidem, p.236-9).

Em 1862, o fazendeiro Antônio Carlos de Arruda Botelho, de São Carlos do Pinhal, iniciou a empreitada em sua sesmaria, a chamada Fazenda do Pinhal, com um plantel de 49 escravos cultivando sessenta mil pés de café, informa Madureira (1989, p.50). No mesmo ano, em 1862, de acordo com Corrêa (1967, p.73-8), a Câmara Municipal de Araraquara informava que a lavoura de café começava a se desenvolver. Foram plantados duzentos mil pés, calculando-se que no prazo de cinco anos o café seria uma das principais riquezas da região. Realmente o Oeste Paulista dava sinais de franca expansão cafeeira pois refletia em suas receitas. A cidade de São Paulo, afirma Taunay (1939, p.242-3), recolhera 32:229$000, ocupando o primeiro lugar, e Bananal o segundo, com 28:254$231, mas Campinas passou a ocupar o quarto lugar, com 15:008$780, e Araraquara o 36º arrecadando 1:605$760, num total de 55 municípios.

São Carlos, que já havia se desmembrado da região de Araraquara em 1865, contava com cinco milhões de pés de café em 1878. Nesse ano, colheu uma safra de 236.338 arrobas e a área cultivada continuava a se expandir. Havia 2.441.500 pés de café com quatro anos, prontos para colheita, e 1.238.200 pés de café já tinham três anos; 1.500.600 pés com dois anos; 1.531.130 pés com apenas um ano de idade. Resumindo: possuía 6.216.430 (seis milhões, duzentos e dezesseis mil, quatrocentos e trinta) pés de café. Araraquara, em 1878, colheu 67.550 arrobas de café. Possuía 671.500 pés com quatro anos, 244.000 mil pés com três anos, 353 mil pés com dois anos, 677 mil pés com um ano, dando um total de 1.945.500 pés de café. São Carlos superava Araraquara na casa de quatro milhões de pés de café (cf. França, 1915, p.49).

Essa diferença de produção entre as duas regiões não significa que a expansão cafeeira em São Carlos foi, na forma, muito diferente daquela da região de Araraquara. Os cafeicultores de São Carlos procuravam expandir suas lavouras comprando lotes de diversos tamanhos em diferentes lugares, assim como os fazendeiros de Araraquara até esse período. A expansão em São Carlos foi "maior e mais dinâmica" do que em Araraquara.

Num grande "nicho cafeeiro" do Nordeste Paulista, Bananal, em 1878, foram avaliados os bens do Comendador Manuel de Aguiar Valim. Seu inventário demonstrou que possuía 1.122.700 pés de café distribuídos em cinco fazendas. Chegou a possuir sozinho mais de "um milhão de pés". Possuía uma safra avaliada em 118:274$193, era senhor de 607 escravos (cf. Coelho, 1975, p.46). Em toda a região são-carlense, até aquele ano em que haviam sido avaliados os bens do Comendador do Bananal, tinham sido plantados 6.216.430 pés de café. Contudo, apenas 2.441.550 pés de café estavam em condições de dar frutos. Em Araraquara, 671.600 pés tinham condições de dar frutos, não chegando a alcançar a casa de um milhão de pés. Esses números dão uma dimensão de quão incipiente era a produção de café nas regiões em estudo na década de 1870.

As bocas de sertão, São Carlos e Araraquara, eram então novas fronteiras do café que começavam lenta e timidamente a participar do mercado externo e, ao mesmo tempo, mantinham seus setores econômicos voltados para o mercado interno. Esse é um ponto significativo, o café não veio substituir setores econômicos em decadência, mas sim dividir espaço com os segmentos econômicos voltados para o mercado interno que tinha grande peso.

TERRA E CAFÉ NAS NOVAS FRONTEIRAS

Essas terras ainda não exploradas, novas fronteiras, passaram a atrair todo tipo de gente que queria adquirir terras, fossem grandes sesmarias, fazendas ou apenas parte de terras. Nesta seção contaremos um pouco da história desses homens e mulheres que desbravaram os sertões de Araraquara e São Carlos para plantar, criar gado e depois voltar-se para o promissor mercado cafeeiro.

Não apenas esses antigos lavradores fizeram a história do café, mas vieram outros empreendedores que rumaram para os sertões atrás das novas fronteiras para o café. Formaram um número relevante de lavradores que compraram desde pequenas até grandes propriedades rurais. Todos fizeram parte de uma classe empreendedora que proporcionou centenas de empregos nas lavouras, atraíram migrantes e imigrantes e tornaram mais competitivo o mercado de trabalho livre paulista.

O tamanho das propriedades cafeeiras será um assunto discutido neste capítulo pois comumente encontramos na historiografia a imagem de que o café, para dar lucros, só podia ser plantado em grandes extensões de terra. Ao adentrarmos o particular, ou seja, ao privilegiarmos o estudo regional, focalizando Araraquara e São Carlos, percebemos que esses municípios apresentavam alguns aspectos interessantes para a história da economia cafeeira.

Mediante análises sistemáticas das nossas fontes, tanto manuscritas quanto impressas, alistamentos de votantes, imposto especial sobre o café, listagem dos pés de café dos cafeicultores da cidade de Araraquara e São Carlos, conseguimos algumas amostras da capacidade produtiva desses dois municípios, assim como as diferenças que foram sofrendo ao longo do século XIX.

Regiões de fronteira, afirma Fragoso,

> são áreas novas utilizadas para a expansão de um produto onde o fator determinante para seu crescimento é a agricultura extensiva, ou seja, seu funcionamento se dá através da incorporação de mais terras e mais força de trabalho sem a mediação de um desenvolvimento técnico da lavoura ... o paulista tinha diante de si uma fronteira aberta para a expansão de sua agricultura extensiva, o que já não ocorria no médio vale do Paraíba do Sul. (1990, p.153 e 165)

Em outras palavras, para o autor, regiões de fronteira são locais onde existia a possibilidade de uma exploração sistemática de terras sem o risco de retrair a expansão por causa da limitação de espaço físico. Será? Essa ampla possibilidade de exploração de terras para expansão não poderia apresentar retrações em algumas áreas?

Foi em tempo de transformações que ocorreu a expansão da agricultura do café em São Paulo. A supressão do suprimento da tradicional fonte de braços, em 1850, mudou o perfil e a rota do tráfico de escravos. A rota transoceânica transformou-se em rota nacional, em que as províncias nordestinas tornaram-se provedoras de mão de obra escrava. Essa mudança de rota promoverá pela primeira vez um mercado interno de âmbito nacional de cativos. É o que afirma Mattos:

> Uma ampla rede de intermediários, com seus principais revendedores situados na corte, formou-se em substituição à antiga empresa negreira para prover a demanda de cativos ... criaram-se condições para que regiões antes distantes se articulassem, engendrando pela primeira vez um mercado interno de cativos de dimensões nacionais. A inversão da rota internacional para a nacional provocou alterações no cotidiano e desvios emocionais dos escravos, determinando uma profunda inflexão na experiência de cativeiro, como até então se apresentava para os cativos aqui residentes ... refletem exemplarmente o nível de violência da ameaça de desenraizamento que significou a generalização do tráfico interno. (1998, p.109)[4]

A autora (ibidem, p.112-4) relata que a cativa Justina matou seus três seus filhos e depois tentou o suicídio sem sucesso. O motivo do crime da mãe escrava teria sido sua venda para o sertão, separando-a definitivamente dos filhos. No caso de Justina, os filhos formavam uma terceira geração de cativos do mesmo senhor.

A expansão propriamente dita das lavouras cafeeiras na região araraquarense é posterior à década de 1850. Segundo Costa (1966, p.212), fazem parte das zonas que implantaram o café tardiamente, ou seja, aquelas que iniciaram a cultura do café após o surto cafeeiro no Vale do Paraíba paulista. Igualmente observa George Little (1960):

---

4 Sobre os parâmetros da Lei Eusébio de Queiroz, isto é, a política coercitiva dos ingleses para a supressão do tráfico de cativos, ver Bethell (1976).

> *The plains of Araraquara were opened up to coffee comparatively late, and this made a great difference to social development there. In the year 1859 the principal agricultural activity in the zone was sugar cane production, with twelve mills in action. There were four coffee plantations, and those could not transport their produce to other areas. Cattle were bred in a primitive fashion, there being a great need for improvement. Twenty years later Araraquara's coffee production, was some two million kilos.* (1960, p.21)

O alargamento das fronteiras do café coincide com a aprovação da Lei de Terras em 1850. A partir de 1855, os fazendeiros araraquarenses, preocupados com a nova lei, decidiram legalizar suas terras. O motivo da preocupação era que a lei proibia a aquisição de terras devolutas por outro meio que não o da compra, afirma Silva (1996, p.141-2 e 156-7). Muitos desses fazendeiros eram posseiros de terras devolutas, outros conseguiram suas sesmarias mediante doações da Coroa, não de compra. A lei revalidaria as sesmarias ou outras concessões do governo que se achassem cultivadas, ou com princípios de cultura e morada habitual do respectivo sesmeiro. Seriam também legitimadas as posses mansas e pacíficas que se achassem cultivadas ou com princípio de morada habitual do respectivo posseiro. Resumindo, a Lei de Terras de 1850 obrigava a todos os lavradores que não haviam legalizado suas terras que fossem registrá-las por meio de declarações feitas pelo proprietário.

Os homens do campo se deslocaram das suas propriedades, por vezes percorrendo longas distâncias, e foram fazer cumprir a nova lei. As declarações de títulos de terras eram oralmente declaradas perante a autoridade. Muitos homens eram tão toscos que não conseguiam explicar com clareza as limitações de suas terras. A precariedade das delimitações territoriais das fronteiras dos sertões é bastante ilustrativa, pois demonstram a estrutura frágil em que era fundamentado o direito à terra. Percebemos a hierarquia social agrária no Oeste Paulista pelos discursos dos proprietários no momento de se declararem senhores de terra.[5]

---

5 Arquivo do Estado de São Paulo (manuscrito), Rolo RT02, v.141, Registros de terras da província de São Paulo, 1855-1866.

Os proprietários seguiram até as freguesias, vilas ou cidades mais próximas para regularizar suas terras. No romance histórico *Clarão na serra*, o autor nos leva para esse período, nos longínquos sertões paulistas, através da sua literatura:[6]

> Em meados de 1856, Vila de Santana estava bastante movimentada. Chegavam cavaleiros, carros de bois, carroças e gente a pé, vinda dos sertões mais afastados. Poucos se conheciam. Mas cumprimentavam-se pelas ruas e agrupavam-se no pátio fronteiro à igreja. Alguns já permaneciam ali por vários dias e procuravam conselhos uns dos outros. É que estava a expirar o prazo dado aos ocupantes de terras devolutas para a legitimação de suas posses, caso estas tivessem sido feitas antes de 1850. As declarações deviam ser feitas perante o vigário da vila e registradas em livro de paróquia. Trabalho penoso e demorado, pois havia dezenas de interessados, na maioria analfabetos e com dificuldades para esclarecer com precisão as áreas que ocupavam. Suas declarações eram sempre vagas e incompletas, quando não confusas. Além do mais a inexistência de mapas e descobrimento dos acidentes da região, imensa e despovoada, tornavam o cumprimento daquela exigência muito difícil. (Marins, 1970, p.38)

Pontuar a verdadeira dimensão dos problemas causados por essa lei no sistema agrário brasileiro, em meados do século XIX, não é uma tarefa realizável em razão das centenas de municípios espalhados pelo território brasileiro. Contudo, podemos ter uma ideia pelos registros de terras da região araraquarense em 1855. Percebemos claramente, nas inúmeras declarações de "títulos de terra" que analisamos, situação semelhante à descrita por Marins quando escreve em seu livro *Clarão na serra* que o trabalho de registrar as terras era penoso e demorado por causa do analfabetismo de muitos, e estes tinham dificuldades em esclarecer as áreas que ocupavam.

Os limites geográficos das propriedades eram demarcados de acordo com a capacidade do declarante de exprimir-se. Francisco de Paula Nantes descreve os limites de seu sítio da seguinte forma:

---

[6] A literatura, principalmente os clássicos, muitas vezes descreve com arte e exatidão o passado, oferecendo ao historiador e ao leitor descompromissado um universo inimaginável.

> sou senhor e possuidor das terras ... sitas no Bairro de tres pontes na fazenda denominada Jatahy as quaes terras dividemse pelo ribeirão das tres pontes vindo adito do corrego, e suas vertentes rio abaixo, desviando com Manoel Pereira de Souza pelo paredão que tem na beira do seleiro e arrodeando as cabeceiras com Salvador Lemos Soares, e da parte de cima com o mesmo vendedor, e descendo pelo meio de água abaixo da barriga...[7]

Ora, hoje em dia essas delimitações seriam absurdas e sem sentido legal, e com certeza motivo para provocar risos. O Sr. Francisco possuía um sítio dentro de outra fazenda, a Jatahy, e os limites de suas terras terminavam quando se entrava no rio e a água chegasse até a barriga, daí acabavam suas terras! Impressionante a falta de precisão. Outro caso é o de José Joaquim Torres, que conseguiu seu título de terras mesmo se recusando a mencionar suas divisas, ainda que precariamente.

Um meio bastante utilizado, até hoje, era tentar delimitar as terras de acordo com as terras de outros. No entanto as informações dadas eram com frequência incompletas. É o caso de Joaquim Lourenço Corrêa, que declarou possuir uma sesmaria com as seguintes demarcações:

> para o norte a sesmaria de Antônio; ao leste a de Dona Brites Maria Gavião, ao sul com a do Laranjal e ao leste com as do Ouro e Cruzes. Assim mais um sitio na sesmaria do Lageado a leste com Francisco de Paula Correa, ao sul com Antonio Ribeiro e outro ao Leste com Antonio Garcia, Francisco Lopes Ferraz...[8]

Ora, quem seria esse Antônio que possui uma sesmaria sem nome e que faz divisa com o declarante? Meses mais tarde esse Antônio podia vender suas terras; qual seria a validade desse título de terras? Declarou também que seu sítio fazia divisa com duas outras sesmarias que eram, naturalmente, enormes ou já estavam completamente desmembradas; como as autoridades poderiam localizá-la?

---

[7] Arquivo do Estado de São Paulo (manuscrito), RT02, Registros de terras da província de São Paulo, 1855-1866.
[8] Ibidem.

Mesmo sendo essas delimitações territoriais geograficamente imprecisas, o discurso dos proprietários de terras revela a hierarquia de posses. Em outras palavras, analisando as declarações percebe-se quem possuía grandes lotes de terras e aqueles que possuíam pequenos lotes de terras. Os grandes proprietários se declaravam sempre "senhor e possuidor" de sesmarias ou fazendas. É o caso de Joaquim Lourenço Corrêa, antigo proprietário de terras na região araraquarense, que assim declarou: "Sou senhor e possuidor das terras seguintes nesta Freguesia huma sesmaria com duas legoas de testada e legoa e meia de sertão com a denominação de Lageado". Francisco Alves Nantes também declara: "Eu abaixo assignado sou senhor e possuidor das terras seguintes, nesta freguesia...".[9]

Os que possuíam partes de terras que não chegavam a ter dimensões de fazenda nem de sesmaria assim declaravam-se: "possuo uma parte de terras no ribeirão das Anhumas". É o caso de Francisco Antônio Dias, que fez sua declaração aos 28 de fevereiro de 1855. Manoel Antônio Ferraz declarou ser proprietário "de humas terras no bairro do Jacaré contendo 50 alqueires na sesmaria do José Manuel Ferraz"; Joaquim de Sampaio Peixoto, em 1856, tinha terras no Chibarro. Havia aqueles que denominavam suas terras de sítio, ao que tudo indica, um sítio devia possuir dimensões maiores que apenas "humas terras". José Lourenço Rabelo declarou possuir um sítio, em 1856, denominado Cachoeira de São Lourenço.[10]

Percebe-se também a preocupação de alguns em provar que eram donos das terras declarando inclusive os antigos donos e quanto pagaram por elas. Candido José do Valle trouxe o antigo dono de suas terras para declararem juntos. O antigo dono, José Cassiano da Silva, havia sido posseiro dessas terras, talvez essa fosse a preocupação maior de Candido José do Valle. Vejamos o depoimento:

> Digo abaixo assignado José Cassiano da Silva e minha mulher Maria Joaquina de Moraes que entre os meus bens que poucos valores e possuidores e bem assim uma fazenda ... a que havemos por

---
9 Ibidem.
10 Ibidem.

posse que dela fizemos, e desfrutado com algumas plantações a doze annos mais ou menos a qual fazenda de campo casa sem lance de casa coberta de palha, cerrados, capoeiras ... como de fato vendido a Candido José do Valle pelo preço e quantia de quinhentos e cinquenta e cinco, e cento e noventa e cinco mil réis da factura desta alta.[11]

Luís Antônio Ferreira também chamou como suas testemunhas os antigos donos de suas terras:

> cujas terras assim decididas fora por mim compradas a Freitas Francisco Nantes, e sua mulher Anna Francisca da Luz em dezeseis de janeiro de mil oito centos e cincoenta e dois por escriptura particular da mesma data e já declaradas assim cujas terras hoje pertencem a Luís Antonio Ferreira por compra que fez a Francisco de Paula Nantes = assim rogo de Francisco de Paula Nantes, Antonio Alves Nantes.[12]

Em outro caso, os declarantes afirmaram que as terras que possuíam foram compradas e que elas faziam parte de uma herança, como informou José Joaquim Torres em 28 de fevereiro de 1855: "cuja parte de terra comprei de Joaquim Francisco da Silva, que as levou por herança de seo finado pai, Angelo da Cunha e para constar mando passar a presente em duplicata na forma da lei". No mesmo dia Francisco Antonio Dias declarou: "Possuo huma parte de terras ... cuja parte possue por compra que fez a José Pereira de Moraes e sua mulher que os mesmo houverão por herança de seus Pais e Sogros Manoel Joaquim Jugler e para contar mandei passar perante uma duplicata em forma de lei".[13]

Estar em conformidade com os preceitos da lei era preocupação também daqueles que queriam deixar, ainda em vida, parte de suas terras aos filhos ou netos. O Conde de Pinhal, Antônio Carlos de Arruda Botelho, veio declarar em janeiro de 1856 que deixava parte das terras de sua sesmaria para o órfão Bento Carlos de Arruda Botelho: "... por Antônio Carlos de Arruda Botelho, me foi apresentado em títulos de termos de terra as formas seguintes: o orphão Bento Carlos de Arruda Botelho pegam na fazenda do Pinhal tres

---

11 Ibidem.
12 Ibidem.
13 Ibidem.

partes nas terras, e sem feitorias ... todas na importância de tres contos, quatro contos e oitenta e oito mil, duzentos e setenta réis".

Entre 1855 e 1866, foram declarados 640 títulos de terras situadas na Villa de São Bento de Araraquara. Nos poucos exemplos que apresentamos foi possível perceber a precariedade de como eram feitos esses registros e a hierarquia da classe agrária, em que os pequenos proprietários de terras tinham muito mais preocupação em fazer valer suas declarações. Os grandes sesmeiros declararam despreocupadamente suas terras: "Possuo huma sesmaria com duas legoas de testada e legoa e meia de sertão, com a denominação de Lageado comprada a meo Pai José Joaquim Correa da Rocha...".[14] Se comprou mesmo do seu pai, o declarante não apresentou a "duplicata em forma de lei" – documento obrigatório em terras adquiridas por compra e por heranças. De quem seu pai comprou a sesmaria? Foi doação da Coroa?

O problema de as propriedades rurais não terem delimitações precisas, e medidas exatas, remonta ao início da colonização portuguesa e atravessa o século XX. Portanto, essa região não é uma exceção. A existência desses documentos, as declarações de títulos de terra mostram a realidade de um país, de sua história que chega a ser no mínimo intrigante, onde uma pessoa legaliza suas terras declarando que elas vão até onde "... descendo o meio d' água até a barriga...".[15] São novas fronteiras de então, não têm divisas reais, elas existem até onde o poder do dono, ou do que se diz dono, pode alcançar. Fragoso (1990) afirma que regiões de fronteira são áreas novas utilizadas para a expansão de um produto promissor no mercado, e o fator determinante é a disponibilidade de terras, e que o paulista tinha diante de si uma fronteira aberta, o que já não ocorria no Vale do Paraíba do Sul fluminense: "Naquelas novas terras encontramos agentes similares aos antigos comerciantes de grosso trato ... os fazendeiros de São Paulo eram homens de negócios ... cuja acumulação ... procedia de diversos segmentos do mercado..." (p.153-265).

---

14 Ibidem.
15 Ibidem.

Nossa análise das fontes revela que quem possuía pecúlio para comprar uma grande fazenda o fazia; quem possuía poucos recursos comprava "huma parte de terra". Vimos claramente nas declarações de títulos de terras que, além do desmembramento sistemático das grandes sesmarias, as novas fronteiras abriam possibilidades de adquirir propriedades de tamanhos variados. Podemos constatar que no período de 1855 a 1866, havia uma quantidade expressiva de proprietários que possuía apenas parte de terra: "possuo ter uma parte de terra, cita no Bairro Chibarro, as quaes não menciono a diviza...".[16]

Nesse período, meados do século XIX, quando as grandes extensões de terras pareciam ser dominantes, esperava-se uma maior concentração de grandes fazendas e latifúndios. Mais uma vez o que podemos constatar é que a maioria das declarações foi de "partes de terras" e sítios, onde possivelmente sobreviviam da cultura de alimentos e criações de alguns animais. A ocupação territorial da região de Araraquara ocorreu a partir do século XVIII através de doações feitas pelo governo imperial de imensas sesmarias como Chibarro, Lajeado, Cruzes, Ouro, Almas, Pinhal, Monjolinho, Cambuhy, para citar algumas. Essas sesmarias, como já observado, foram retalhadas em milhares de partes de terras: grandes, médias ou pequenas.

A contínua incorporação de novas terras redundou em situações em que os fazendeiros procuravam expandir suas lavouras em diferentes localidades, justamente pelo desmembramento aleatório das sesmarias. Em Araraquara, por exemplo, o fazendeiro Germano Xavier de Mendonça possuía uma fazenda em Anhumas com 200 alqueires, outra de 800 alqueires no Ribeirão da Ponte Alta, outra de 300 alqueires na Posse do Meio, outra de 400 alqueires na Monte Cristo, outra de 600 alqueires junto à Foz de Anhumas, outra de 100 alqueires nas Cruzes (cf. Corrêa, 1967, p.153). Na região, devido a esse intenso desmembramento das antigas sesmarias, as grandes fazendas eram poucas. Predominavam as pequenas e médias propriedades.

---

16 Arquivo do Estado de São Paulo (manuscrito), RT02, Registros de terras da província de São Paulo, 1855-1866.

O entendimento da importância econômica, social e política da propriedade rural nesse período é fundamental para o entendimento dos grandes embates e desafios que foram surgindo. Não é novidade a propriedade representar em nossa sociedade, em todos os tempos, o poder. O interessante é a forma como esse poder reinventa e ao mesmo tempo cristaliza antigas formas de conquistar imensidões ou pequenos lotes de terra. No século XIX, a posse ilegal, doações da Coroa imperial antes da Lei de Terras, herança e uniões familiares constituíam um meio de adquirir propriedades. Percorrendo a história dos homens que fizeram a "história" de Araraquara, assim como de seus filhos e filhas, observamos que existia entre eles a constante preocupação de conservar suas propriedades. Nas famílias importantes, ricas e proprietárias de imensos lotes de terra, essa preocupação é evidente pois tratavam de casar seus filhos e filhas com parentes próximos, primos e primas, cunhados, genros, para assegurar o domínio das terras e com isso manipular o poder econômico, político e social.

> Casamento de razão ou conveniência, realizados pela intermediação das famílias dos respectivos cônjuges, parecem ter sido habituais nos setores dominantes de nossa sociedade até o século XIX. Ao revelar o plano econômico como o articulador de uniões entre famílias, colocava-se a mulher como elemento de troca relevante ... O casamento expressava um arranjo entre as famílias no qual a escolha não era direcionada por motivos sentimentais, mas pela manutenção da riqueza (moral e material) familiar. O filho não era importante enquanto sujeito portador de uma individualidade, mas como perpetuador da história familiar. (Gonçalves, 1989, p.61-2)

O tenente-coronel Joaquim Duarte Pinto Ferraz, proprietário e importante político de Araraquara, descendente de família nobre portuguesa, casou-se com D. Luzia Leme, filha de Fernão Dias Paes, nosso famoso bandeirante. Mudou-se para Araraquara em 1869, onde adquiriu a Fazenda Alpes; também foi vereador e presidente da Câmara. Casou sua sexta filha, Belmira Duarte Pinto Ferraz, com o capitão Francisco Pinto Ferraz. Casou sua sétima filha, Eudóxia Duarte Pinto Ferraz, com o tenente João Pinto Ferraz. Dois irmãos casaram-se com duas irmãs, porém as duas irmãs eram primas dos dois irmãos seus próprios maridos. Por sua vez os irmãos se tornaram cunhados. Assim sendo, o tenente-coronel assegurou o patrimônio entre a própria família praticando a antiga forma de preservação patrimonial, o casamento (cf. França, 1915, p.95).

A família Sampaio, proprietária da Fazenda Boa Vista das Almas, foi a primeira a construir em Araraquara um engenho. D. Anna Caetano de Sampaio casou-se com seu primo José Domingos de Sampaio. Candida Caetano de Sampaio e Maria Luiza de Sampaio casaram-se com os irmãos Joaquim Pinto de Magalhães e Honório Pinto de Magalhães. O capitão José Aranha do Amaral era descendente de Balthazar de Godoy e D. Paula Moreira, filha do capitão-mor governador, Jorge Moreira. Casou-se em Araraquara com sua prima D. Cherubina Augusta, filha de João Baptista do Amaral Campos, proprietário da Sesmaria do Ouro e da Sesmaria Várzea do Chibarro. Cherubina Augusta faleceu; sua irmã mais nova, Anna Maria, casou-se com o viúvo de sua irmã e também seu primo José Aranha do Amaral (cf. ibidem, p.71-5).

Os fazendeiros, a partir de 1860, começaram a investir na cultura cafeeira. Contudo não abandonaram suas antigas fontes de lucro; o café passou a dividir espaço com a criação de animais e a produção de gêneros alimentícios. A expansão cafeeira exigia, além de facilidades de transporte, terra e mão de obra. O cultivo do café provocou alterações na organização e na estrutura da propriedade fundiária.

Analisando o alistamento de votantes de Araraquara, entre 1847 e 1864,[17] percebemos um aumento significativo dos chamados "lavradores". Parece ser justificável em razão do definhamento das sesmarias que não condiziam mais com a realidade da distribuição de terras. Os proprietários rurais aumentavam. Pode-se verificar, na Tabela 9, que em 1847 Araraquara possuía 176 lavradores e 3 fazendeiros. Em 1857, depois de uma década, já contava com 563 lavradores e 1 fazendeiro. Em 1864, esse número pouco se alterou: havia 424 lavradores e continuava a aparecer apenas 1 fazendeiro.

---

17 Arquivo Histórico da Casa de Cultura de Araraquara (manuscrito), Alistamento de votantes, 1847 a 1864.

Tabela 9 – Quadro geral da lista de votantes. Araraquara, 1847-
-1864

Ano	Lavradores	Fazendeiros
1847	176	3
1848	336	0
1849	304	3
1850	214	1
1851	298	0
1852	283	2
1853	357	5
1854	373	3
1855	374	3
1856	469	0
1857	563	1
1858	373	0
1859	313	0
1860	384	2
1861	384	0
1862	395	5
1863	405	0
1864	424	1

Fonte: Arquivo Histórico da Casa de Cultura de Araraquara (manuscrito), Alistamento de votantes, 1847 a 1864.

Em Araraquara, na década de 1870, aumentou o número de transações com propriedades com valor inferior a 5:000$000. João Batista Lacerda comprou na Sesmaria do Jacaré, de Serafim Passos, uma parte de terras no valor de 600$000. De Ludovina Barbosa comprou outra parte na mesma sesmaria por 600$000. Na mesma sesmaria comprou de Honória Espírito Santo outra parte no valor de 550$000 (cf. Corrêa, 1967, p.152-4). O maior número de transações envolvia propriedades de pequeno e médio portes ao longo do período de 1870 a 1894, conforme demonstra a Tabela 10:

Tabela 10 – Transações com imóveis rurais. Araraquara, 1870-1894

Ano	Até 1:000$	De 1:000 a 5:000	De 5:000 a 20:000
1870-74	22 52,3%	15 35,7%	4 9,5%
1875-79	52 59,7%	28 32,2%	7 8,1%
1880-84	59 42,7%	47 37,6%	17 13,6%
1885-89	190 61,8%	77 25,0%	32 10,4%
1890-94	829 58,3%	322 22,6%	154 10,8%

Fonte: Corrêa (1967, p.284).

De acordo com os dados acima, na década de 1870, 74 compradores adquiriram terras no valor de até 1:000$000. Na década de 1880, o número de compradores triplicou, chegando a 249; no período de 1885-1889, correspondiam a 61,8% das transações. Já na década de 1890 quadruplicou, chegando na casa de 829 compradores e 58,3% do total das transações. As transações com propriedades de 1:000$000 a 5:000$000 durante a década de 1870 registram 43 compradores; na década de 1880 triplicou, alcançando 124 compradores, mas sem acompanhar a demanda das vendas de terras de menor preço. Na década de 1890, as propriedades de médio preço continuavam sendo procuradas, mas apenas 322 compraram, representando 22,6% das transações. Em relação às terras mais caras, que alcançavam a casa dos 20:000$000, verificamos pouquíssima procura, aumentando apenas em 1890, mesmo assim em relação às outras propriedades mantêm a média de 10,08% de procura.

Conclui-se que Araraquara continuou o processo de desmembramento das propriedades até o final do século XIX. Esse ponto é significativo para entendermos as diferenças em relação à estrutura fundiária, à expansão cafeeira e à organização de mão de obra.

A historiografia passa a ideia de que a produção cafeeira exigia grandes extensões de terra. A ideia está em Costa (1966, p.27): "O café, cultura de tipo extensivo, a exigir grandes latifúndios...". Aparece também em outros autores que estudaram a expansão cafeeira (cf. Bassanezi, 1973, p.45; Dean, 1977, p.39). A maior parte dos estudos no entanto refere-se aos maiores "nichos cafeeiros", ou seja, municípios onde latifúndios e grandes unidades produtoras predominaram. Esses estudos deixaram à margem regiões onde o café foi produzido em pequenas e médias propriedades.

Estudiosos chamam a atenção para essa lacuna: "É comum os estudiosos ligarem o café à grande propriedade. Historicamente, sempre se deu mais importância a essa realidade ... esquecendo-se completamente a existência da pequena e média propriedade cafeeira. O exemplo do Município de Araraquara traz nova luz à questão ..." (Azzoni, 1975, p.374-6).

Ao estudar o tamanho das propriedades cafeeiras em Araraquara, Azzoni (ibidem, p.374) deparou com o problema de classificar as propriedades porque estas não apareciam dispostas pelo seu tamanho em alqueires, mas sim pelo número de pés de café ou, como em levantamentos anteriores, pela produção cafeeira. Esse problema referente à classificação dos tamanhos das unidades produtoras agrícolas não é um fenômeno exclusivo da região aqui focalizada. Os limites geográficos das propriedades sempre foram delimitados com imprecisões, como foi constatado ao analisarmos os registros de terras da região entre 1855 e 1866.[18] Esse problema não foi solucionado durante todo o século XIX.

A forma mais eficiente de classificar as fazendas cafeeiras encontrada por alguns autores foi através do número de pés de café plantados. Azzoni preferiu classificar as fazendas utilizando os critérios de Sérgio Milliet (1938): as propriedades que possuíam até vinte mil pés plantados eram consideradas pequenas; com até cinquenta mil pés eram médias propriedades; até 250 mil eram grandes propriedades e acima de 251 mil pés eram latifúndios. Achamos interessante usar esse método, pois nossas fontes impressas, o *Álbum de Araraquara, 1915* (França, 1915) e *Almanach-álbum de São Carlos, 1916-1917* (Castro, s.d.) trazem uma listagem que contém o nome do cafeicultor, a quantidade pés de café e o local de sua fazenda. Apesar de nosso estudo abranger um período anterior, estes foram os únicos levantamentos das propriedades agrícolas da região estudada que encontramos. Acreditamos que, por

---

18 Arquivo do Estado de São Paulo (manuscrito), Registros de terras da província de São Paulo, 1855-1866.

mais que essas propriedades tenham sofrido modificações significativas, os dados ainda podem nos passar uma ideia aproximada do tamanho das propriedades agrícolas que remontam ao final do século XIX.

Através da listagem dos cafeicultores de Araraquara e São Carlos, em 1915, construímos as seguintes figuras:

Mil pés de café por cafeicultores – Araraquara, 1915	Cafeicultores
1 a 5	116
6 a 15	126
16 a 30	46
31 a 60	38
61 a 101	36
101 a 250	30
251 a 500	7
Total	399

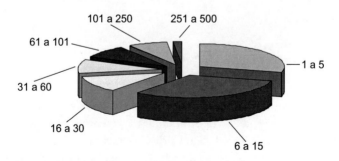

Fonte: França (1915, p.112-7).

FIGURA 1 – Cafeicultores de Araraquara, 1915.

Mil pés de café por cafeicultor – São Carlos, 1916	Cafeicultor
1 a 5	42
6 a 15	75
16 a 30	56
31 a 60	24
61 a 101	22
101 a 250	50
251 a 500	21
501 a 800	2

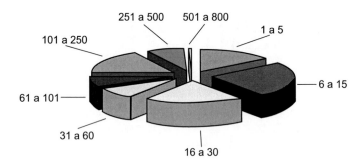

Fonte: Castro (s. d.).

FIGURA 2 – Cafeicultores de São Carlos, 1916.

Se formos observar mais de perto, o que podemos constatar é que a estrutura fundiária de Araraquara apresentou diferenças significativas em relação à de São Carlos no início do século XX. Em Araraquara a distribuição acentuada de pequenas e médias propriedades foi causada pelo contínuo desmembramento de suas sesmarias em pequenas partes até o final do século XIX. Contudo, diante desses dados, tudo leva a crer que esse processo seguiu até o início do século XX. Seguindo a classificação de Milliet (1938) apresentada anteriormente, o município concentrava 288 pequenos cafeicultores, 30 médios e 73 grandes. Os grandes fazendeiros seriam apenas 73, e sete latifundiários (cf. Azzoni, 1975, p.343).

Em São Carlos, em 1905, das 319 propriedades cafeeiras, 46 possuíam até 10 alqueires; 61 possuíam de 10 a 25 alqueires; 59 possuíam de 25 a 50 alqueires; 56 possuíam de 50 a 100 alqueires; 61 possuíam de 100 a 250 alqueires; 17 possuíam de 250 a 500 alqueires; e 19 proprietários possuíam mais de 500 alqueires de terra (cf. Madureira, 1989, p.68). Assim sendo, São Carlos do Pinhal apresentava uma forte concentração de propriedade, diferentemente de Araraquara. Apenas 197 cafeicultores eram de pequeno ou médio portes; 72 eram grandes cafeicultores e 22 fazendeiros eram latifundiários. Os dois grandes latifundiários eram Antônio Moreira de Barros, dono da Fazenda Palmital, com 750 mil pés em apenas uma unidade, e Manoel Penteado, que chegou a possuir 516 mil pés em suas cinco fazendas. O maior número de árvores plantadas em Araraquara foi de 440 mil pés pertencentes a José Ferreira Figueiredo, dono da Sesmaria Ouro, e 420 mil pés pertencentes à fazendeira D. Hermínia Ferraz Borba.

Surgiu, depois da década de 1870, um número relevante de lavradores que compravam pequenas propriedades rurais e plantavam café na região de Araraquara. Na década de 1890, as propriedades na região ainda eram predominantemente pequenas e médias. Através da análise dos "Impostos especiais sobre o café, 1892 a 1894" conseguimos classificá-los: 70 cafeicultores produziram um total de 3.259.958 quilos de café, tendo 52 produzido de 5.000 a 50.000 quilos de café; 12 cafeicultores produziram de 60.000 a 120.000 quilos de café; apenas seis cafeicultores produziram de 140.000 a 240.000 quilos de café, em média de dois anos.[19] Ou seja, o montante da produção estava concentrado na pequena e na média propriedades.

Portanto, a estrutura fundiária em Araraquara se desenvolveu em moldes que influenciaram diretamente a expansão cafeeira, pois o retalhamento das propriedades causou retrações, tanto que

---

19 Arquivo Histórico da Casa de Cultura de Araraquara (manuscrito), Impostos especiais sobre o café, 1892 a 1894.

os latifúndios na região eram poucos. Mas isso não significou a impossibilidade de essa região se desenvolver com a produção cafeeira, apesar de sua expansão ter sido lenta e tímida.

O modo como se desenvolveu a produção cafeeira em algumas regiões de São Paulo, tendo como base a grande propriedade, pode ser caracterizado como *plantation*, que são grandes extensões de terras contínuas utilizadas para a monocultura. No entanto, a produção cafeeira não se desenvolveu nos mesmos moldes em toda a extensão da província de São Paulo. Estudos sobre regiões como a que acabamos de analisar vêm demonstrar que, ao adentrarmos o específico, a história singular de inúmeros municípios que também fizeram parte da era do café durante o século XIX pode revelar diferenças importantes entre eles. No nosso caso, o café foi plantado nos mais variados tamanhos de propriedades, com o predomínio das pequenas e médias. Isso mostra, ao contrário do que aponta a historiografia, que o café como produto de exportação não exigia apenas grandes extensões contínuas de terra – a grande propriedade ou o latifúndio. Regiões como a araraquarense e a são-carlense alcançam o modelo de *plantation* apenas no século XX.

A estrutura fundiária e a organização produtiva da região de Araraquara desde os primórdios do desenvolvimento da pecuária, da cana e da produção de gêneros contou com uma mão de obra coerente com as necessidades para esse tipo de atividade econômica. As novas fronteiras de café e o modo como foi dividido esse espaço para a plantação do rubiáceo refletiram na estrutura fundiária e econômica que se formara. Esses importantes fatores – pequenas e médias propriedades rurais produzindo o montante de café, a continuidade das antigas atividades econômicas voltadas para o mercado interno – influenciaram também a composição da mão de obra para a era cafeeira na região das bocas de sertão.

São Carlos acompanhou as características de Araraquara mesmo depois do seu desmembramento, em 1865, as quais perduram de acordo com nossos dados até o final de 1870, quando passa a apresentar uma expansão cafeeira mais dinâmica.

OS BRAÇOS PARA O CAFÉ

A produção cafeeira na região só se desenvolveu depois da década de 1860, mesmo assim lentamente. A distância dos portos e a dificuldade de transportar o produto eram obstáculos óbvios. "Só de Jundiaí para o sertão é que o café poderia ser cultivado, se tivéssemos mão de obra proporcional ... Mas a cultura do café não poderá ir muito além de Limeira, pois o custo do transporte pelo muar encarece de tal maneira a produção que o lucro é todo absorvido" (Ellis Júnior, 1960, p.14-5).

A expansão cafeeira em Araraquara foi lenta e gradual mesmo com a chegada da estrada de ferro em 1885. A expansão são-carlense é mais rápida e, com a chegada da estrada de ferro em 1884, as possibilidades aumentaram. O café chega à região dez anos após a extinção do tráfico internacional de escravos, num momento em que os cafeicultores mais antigos procuravam suprir suas necessidades de braços no mercado interno de cativos e na Europa, e, ao mesmo tempo, buscando alternativas através das relações de trabalho baseadas no sistema de parceria. Os fazendeiros das bocas de sertão possuíam uma estrutura de organização de mão de obra baseada no trabalhador nacional livre e nos escravos. Ao implantarem a nova cultura não precisaram importar braços europeus imediatamente, apesar da alta do preço dos escravos importados de outras províncias.

A forma como a mão de obra foi utilizada determinou o universo rural dessa região do Oeste Paulista constituído por códigos próprios, por um cotidiano no qual aparecem detalhes significativos e pouco explorados. Nossa hipótese está fundamentada na ideia de que a montagem e a expansão cafeeira na região araraquarense e são-carlense contaram com a mão de obra escrava e nacional. Essa mão de obra livre estava engajada na cultura de alimentos, na produção de açúcar e aguardente, na criação de gado como também exercendo outras profissões. O modo como as fazendas foram sendo formadas, interligando esse conjunto de atividades – as chamadas fazendas mistas – propiciou mão de obra suficiente, fossem trabalhadores escravos ou livres. Esses fazendeiros, portanto, tinham praticamente a seu alcance braços e terras para o desenvolvimento do café e condições para manter os antigos setores econômicos.

A economia voltada para a pecuária e os gêneros alimentícios geralmente utilizava trabalhadores livres e poucos escravos. É o que demonstraram alguns estudos em diferentes regiões como Minas Gerais, Mato Grosso e até mesmo na própria província de São Paulo. O baixo índice das relações escravistas em setores na economia mineira deve-se em parte à economia assentada na agropecuária ligada ao mercado interno e ao trabalho familiar. O mesmo acontece em regiões como Araraquara e São Carlos, em que as diversas atividades econômicas desenvolvidas até então promoveram uma composição peculiar de mão de obra – nacionais livres e escravos. A produção de cana-de-açúcar voltada para o mercado local e a produção de aguardente para o mercado interno também contava com poucos escravos e com um número maior de homens livres.

Vejamos o riquíssimo depoimento de Ellis Júnior quando se refere à implantação da cultura cafeeira na Fazenda Santa Eudóxia, na década de 1870, em São Carlos, e que pertencia ao tenente-coronel Francisco da Cunha Bueno, seu avô:

> era uma grande expedição, a maior, que tinha partido daquelas paragens, como a maior que o coronel Cunha Bueno havia organizado. Compunha-se ela de cerca de 200 escravos negros, oriundos da África, ou de raça africana, mas vindas de outras regiões brasileiras, ou da própria província de São Paulo, onde se ocupavam do cultivo da cana e do fabrico do açúcar. Esses escravos tapanhunos já estavam todos em enormes carroções cobertos de lona parda, enfileirados e formando extenso comboio de duas dezenas de veículos, que eram puxados cada um deles por três parelhas de muares. Ao lado, ou antes vanguardeando esse comboio de escravos, viam-se montados em cavalos, que se agitavam nervosos cerca de uma centena de caboclos com seus machados e foices enfiados nas selas. Eram caboclos mais ou menos amamelucados de Itu, Sorocaba, Itapeva, Una, Itapetininga, Parnaíba, Araçariguama, Santo Amaro, Guarulhos. Esses caboclos, os que derrubavam a mata virgem, limpavam os cerrados e plantavam as mudas de café, já preparados previamente em jacazinhos de taquara, pois o preto escravo não manobrava machado e a foice, mas unicamente a enxada que carpia e cavocava ... esses caboclos eram, os que iam formar a fazenda de criar, estabelecendo-se em retiros nos pontos extremos da fazenda... (1960, p.253-4)

O depoimento de Ellis Júnior corrobora nossa hipótese de que para a implantação do café na região os fazendeiros contaram com escravos e nacionais. Corrêa (1967), em seus estudos sobre a cidade de Araraquara, observa: "As dificuldades de aquisição de escravos em vista do número reduzido e dos preços elevados, bem como a ausência do colono estrangeiro, nos leva supor que a mão de obra ativa, fosse constituída pelo trabalhador livre nacional. As despesas com os trabalhadores livres seriam menores no seu montante, do que as despesas com escravos" (p.70).

Assim se refere Madureira (1989) sobre a abertura das fazendas de café em São Carlos: "O mais provável porém, é que a abertura de fazendas de café e mesmo a ampliação desta lavoura já existentes no município tenha contado menos com o trabalho dos escravos e imigrantes e mais com o trabalho de caboclos, agregados, antigos posseiros da região" (p.52-3)

A região deveria possuir seu plantel de trabalhadores livres engajados em diferentes atividades. Os escravos deveriam formar o montante da mão de obra juntamente com os nacionais, pois parece ter sido costumeiro arregimentar nacionais livres. Ao que parece, na abertura das fazendas, reunia-se essa mão de obra em expedição a qual era levada até o local do empreendimento da nova cultura de exportação. Depois de derrubarem a mata e ajudar na formação da fazenda esses trabalhadores voltavam para suas antigas atividades ou permaneciam no local ou iam em frete empurrando a fronteira. Ellis Júnior (1960) afirma que os escravos do avô eram de origem brasileira, conseguidos no mercado interno, e que muitos dos nacionais eram migrantes em busca das oportunidades trazidas com o café.

A região possuía mão de obra, uma fronteira aberta possibilitando a incorporação de novas terras e a expansão do café. Formou-se então uma "colcha" de pequenos e médios proprietários de terra. Essa estrutura fundiária permite trabalhar com poucos empregados e até mesmo sem mão de obra escrava, contando com poucos agregados ou familiares. A análise da distribuição de terras foi importante porque, entre outros fatores, como a economia voltada para o mercado interno, nos permitiu entender a capacidade da região em atrair trabalhadores livres.

Tabela 11 – Imigração para o Estado de São Paulo, 1882-1899

Ano	Imigrantes	Ano	Imigrantes
1882	2.743	1891	108.688
1883	4.912	1892	42.621
1884	4.868	1893	81.755
1885	6.500	1894	44.740
1886	9.534	1895	136.142
1887	32.110	1896	94.987
1888	91.826	1897	94.540
1889	23.664	1898	42.674
1890	38.291	1899	28.367

Fonte: Holloway (1984, p.179).

Tabela 12 – Estrangeiros trazidos da Hospedaria de Imigrantes para Araraquara e São Carlos, 1886-1899

Ano	Para Araraquara	Para São Carlos
1886	166	501
1887	242	926
1893	1.417	3.788
1894	1.155	2.195
1895	2.059	4.444
1897	2.278	4.742
1898	1.237	1.342
1899	896	869
Total	9.450	18.807

Fonte: Apesp, dados fornecidos pela Profa. Dra. Maria do Rosário Rolfsen Salles.

Em 1886, a província de São Paulo recebia 9.534 imigrantes, 166 vieram para Araraquara e 501 para São Carlos. Em 1887, chegaram a São Paulo 32.110 imigrantes, enquanto Araraquara recebeu apenas 242 imigrantes e São Carlos um pouco mais – 926 imigrantes. No ano de 1895, registrou-se o maior contingente de imigrantes aportados no país: 136.142. Esse ano coincide também com o aumento do número de imigrantes engajados em Araraquara: 2.059. Para São Carlos foram 4.444 imigrantes. Esses dados revelam que a imigração para essa região foi gradual e não apresentou parcelas significativas de recrutamento. Em 1899, um período de pouquíssima procura, Araraquara e São Carlos receberam apenas 1.765 imigrantes, enquanto chegavam a São Paulo 28.367. O dados apontam um total de apenas 9.450 imigrantes para a região de Araraquara num período de treze anos, enquanto a província de São Paulo recebia quase a mesma quantidade, 9.534, apenas no ano de 1886.

Brandão & Tellarolli (1998) afirmam que os italianos tomaram conta do comércio da cidade, no começo do século XX. A imigração para atividades urbanas foi dinâmica, a ponto de a principal rua comercial ser tomada por italianos: "Os imigrantes italianos formavam a maior parte do contingente do comércio local, nas mais diversas atividades artesanais, de balcão e outras, do mesmo modo que eram majoritários como colonos, nas fazendas" (p.41).[20]

As pesquisas de Lanna (1989) e Fragoso (1990) revelam que, na história da transição da escravidão ao trabalho livre, a província de São Paulo antes de mais nada é uma exceção, pois em outras regiões do país, como o Nordeste, o Centro-Oeste e Minas Gerais, não se buscou no colono europeu a alternativa para a reorganização das relações de trabalho na agricultura, mas antes teve-se de contar com a mão de obra de trabalhadores nacionais. Nossas fontes também indicam que a transição da escravidão na província de São Paulo não contou apenas com os braços europeus. Vejamos o exemplo de Araraquara e São Carlos, regiões do Oeste Paulista

---

20 Os autores observaram que, em 1902, a rua comercial era a Rua 2. As famílias que participaram da história da cidade foram: Gapare Abrita, subagente de companhias de navegação; José Barbieri, sapateiro; Antonio Blundi, maquinista; Antônio Cesarino, vigário; Paschoal Gentilini, sacristão; Guilherme Zerbini, negociante; Antônio Picaroni, médico; Domingos e Francisco Lia, sapateiros; Domingos Abrita, comerciante de ferragens; Giuliano Passeto, sapateiro; Luiz Minervino, dono da casa de câmbio e capitalista.

que utilizaram os trabalhadores livres nacionais por um longo período; os braços estrangeiros vieram apenas tardiamente, e timidamente, a partir de 1886, compor o quadro da mão de obra e das relações sociais. Os libertos também estavam engajados nas lavouras. A mão de obra utilizada na implantação da cultura cafeeira em Araraquara e São Carlos segue o perfil das regiões voltadas para o mercado interno no qual a mão de obra utilizada é basicamente formada de nacionais livres, migrantes e escravos.

PARTE II

DA ESCRAVIDÃO AO TRABALHO LIVRE

3 A DIVERSIDADE DA TRANSIÇÃO

O processo de abolição da escravidão e de transição para o trabalho livre é tema bastante estudado na historiografia. A transição para o trabalho livre não aconteceu de modo nem linear nem semelhante no país como um todo. As políticas implementadas para a abolição gradual e para a transformação das relações de trabalho não produziram os mesmos efeitos em todos os lugares. Em cada província, em cada região ou município, o processo de transição manifestou características específicas e ritmos próprios de acordo com suas necessidades e condições econômicas e sociais.[1] Lanna (1989) sublinhou as diferenças entre o modo como se deu a transformação das relações de trabalho em Minas Gerais e São Paulo. Segundo a autora, Minas não contou com uma política de imigração subsidiada como São Paulo. Os cafeicultores mineiros utilizaram a mão de obra livre nacional disponível que contribuiu para que a região da Mata Mineira "fizesse sem grandes choques a transição para o trabalho livre em condições bastante distintas daquelas encontradas e analisadas pela bibliografia, em São Paulo" (p.74).

---

[1] Sobre o tema da transição para o trabalho livre, ver Gebara (1986); Gorender (1978); Eisenberg (1977); Lamounier (1986; 1993); Lanna (1989); Scott (1991); Stolcke (1986); Mattos (1998).

Em São Paulo, a transição também não se manifestou da mesma forma nas diversas regiões. No Vale do Paraíba paulista, a mão de obra escrava foi significativa até o final da escravidão e, devido à crise da produção cafeeira na região, não se tornou o destino privilegiado dos imigrantes que passaram a aportar no país a partir de meados da década de 1880.[2] Nas novas áreas de expansão cafeeira, mesmo havendo um plantel relativamente grande de escravos, houve a atração de um grande número de imigrantes.[3]

As diferenças entre estados, zonas e regiões nos instigaram a tentar entender um pouco os aspectos regionais, as relações sociais que estavam se formando nesse período. Nos parágrafos seguintes procuramos examinar alguns autores que com seus estudos têm contribuído para revelar a diversidade da transição.

Em análise recente, Mattos (1998), preocupada com a questão dos forros, do negro livre, do branco pobre e das mulheres no contexto e no cotidiano da sociedade escravista, alerta para o problema da generalização que a historiografia vem incorrendo quando trata da questão da transição e, consequentemente, da reorganização da mão de obra: "Enquanto problema econômico, quase naturalmente tendeu-se a privilegiar a questão da substituição do trabalho escravo negro pelo imigrante europeu. Aparentemente substituído pelo imigrante ... tendeu-se a generalizar a experiência paulista para o conjunto do país" (p.17-8).

A autora privilegia áreas e regiões pouco estudadas quando o assunto é a transição da escravidão ao trabalho livre: o sul e a Zona da Mata mineira, o Vale do Paraíba fluminense e o paulista, a baixada e o norte fluminense. Os protagonistas são escravos e libertos no processo de inserção social num período em que a liberdade começou a ter uma conotação diferenciada e específica.[4]

---

2 No Vale do Paraíba paulista, as regiões cafeeiras mais conhecidas são: Bananal, Areias, Lorena, Guaratinguetá, entre outras. Cf. Molinari (1975, p.187-215).
3 Entre os diversos autores que analisaram a imigração para o Oeste Paulista, ver Holloway (1984) e Sallum Jr. (1982).
4 Mattos comenta que a partir do século XIX as relações sociais estavam bastante mudadas, um homem negro não seria necessariamente escravo, o que nos séculos anteriores seria bastante difícil. Para citar apenas um exemplo entre os inúmeros fornecidos, o caso do escravo fugido Felício é ilustrativo. Este per-

Lanna (1989) também adverte para o problema da generalização quando o assunto é transição. Para a autora, a ênfase dada pela bibliografia para o Estado de São Paulo, e especialmente ao Oeste Paulista, "não [explica] a diversidade de caminhos que a transição percorre em todo país e particularmente na sua região cafeicultora. São Paulo não é exemplo dos processos de organização do mercado de trabalho livre que ocorreram neste momento, é antes uma exceção, fundamental pelo que apresenta de dinâmico, central e determinante nesse processo" (p.45).

No Nordeste, a transição para o trabalho livre não contou com uma política de importação de trabalhadores estrangeiros; assim sendo, não houve um fluxo imigratório, como ocorreu em São Paulo. De acordo com Eisenberg (1989, p.177), o pessimismo a respeito da imigração para o Nordeste acompanhava uma crítica forte à política imigratória do governo imperial. Tal política foi tachada de excessivamente dispendiosa e pouco proveitosa para a grande lavoura. Os nordestinos estimaram o custo de cada colono entre $800 e 1:000$000. Era mais caro que um bom escravo em Pernambuco em 1878, diziam. Para os nordestinos a política imigratória era uma grande corrupção, como chamava a atenção no Congresso Agrícola de Recife o fazendeiro Coelho Rodrigues: "onerosos contratos, obtidos da inépcia de uns, da corrupção de outros ... o negócio mais lucrativo e talvez o mais criminoso que há na corte, onde a sua sombra tem tomado proporções colossais algumas fortunas particulares enquanto vão definhando as arcas do Tesouro!" (ibidem).

Fragoso (1990, p.174-6) observa que os fazendeiros do Nordeste açucareiro detinham o controle efetivo sobre as terras, permitindo assim o domínio sobre a mão de obra e a política. Esse controle foi decisivo para que a crise do trabalho escravo fosse resolvida de acordo com seus interesses. A organização do trabalho

---

maneceu por seis anos trabalhando sem domicílio certo como jornaleiro e camarada para sitiantes locais. O detalhe: permaneceu seis anos em São João Príncipe, cidade vizinha de onde havia fugido. Para Mattos (1998, p.44), "a proximidade destes homens livres com escravos, mesmo de grandes fazendas, muitas vezes trabalhando lado a lado, exercia um duplo papel na socialização da forma como era aprendida esta vivência específica de liberdade. Para os escravos apresentava-se como alternativa em caso de fuga ou alforria".

durante o período de transição no Nordeste baseou-se na utilização do morador-agregado. Por esse sistema o trabalhador recebia um lote de terra para sua roça de alimentos e em troca prestava ao fazendeiro diversos serviços. O segundo maior contingente de trabalhadores livres utilizados era constituído pelos assalariados e diaristas. A parceria se constituía em outro sistema de trabalho de homens livres empregados no processo produtivo do açúcar. O lavrador parceiro recebia um lote de terra para cultivar cana e alimentos, o proprietário da terra ficava com a metade da produção de todo o melaço. Resumindo, os fazendeiros nordestinos utilizaram a mão de obra da região e sistemas alternativos de trabalho livre durante o processo da transição.

É importante ressaltar esses aspectos, ou seja, as diferentes combinações que se formavam durante a transição. Estados como Minas Gerais, Goiás, Mato Grosso e Rio Grande do Sul, que possuíam uma economia voltada para o abastecimento interno, inclusive abasteciam as importantes regiões cafeeiras, também utilizaram trabalhadores livres concomitantemente com a mão de obra escrava. No caso de Goiás e Mato Grosso, a transição para o trabalho livre acompanhou o desenvolvimento da agricultura de alimentos e da agropecuária, afirma Fragoso (1990). A lavoura de alimentos baseava-se no trabalho familiar, do mesmo modo a agropecuária não se fundava no assalariamento. A organização da mão de obra baseava-se no tradicional agregado, que prestava serviços ao fazendeiro. Na pecuária aparece o sistema de quarta, em que o trabalhador recebia um quarto das crias de gado que estivessem sob seus cuidados. Para o autor (ibidem, p.181), no Centro-Oeste a transição para o trabalho livre ocorreu sob formas de produção assentadas em outras relações não capitalistas.

A bibliografia revela que, no Oeste Paulista, a mão de obra para a cafeicultura no período de transição incluía uma diversidade de trabalhadores: escravos, nacionais livres, ingênuos, libertos e imigrantes. Nossas fontes revelam que em Araraquara e São Carlos os tipos de trabalhadores e os sistemas de trabalho adotados também foram diversos. O fazendeiro araraquarense Antônio Joaquim de Carvalho utilizou a mão de obra nacional até 1888, e também contratou libertos. O fazendeiro Dr. Antônio Moreira de

Barros, até 1878, contava com a mão de obra escrava e com nacionais para os serviços de sua Fazenda Quilombo, em São Carlos. É somente após o advento da estrada de ferro – 1884 em São Carlos e 1885 em Araraquara –, e sob o incentivo da política de imigração subsidiada que os imigrantes passam também a integrar o contingente de trabalhadores.

A imigração acompanhou o ritmo da expansão de cada município e suas características. Somente após o advento da estrada de ferro em 1884 em São Carlos e 1885 em Araraquara, começou a inserção do braço imigrante. Em 1886, Araraquara recebia 166 imigrantes e São Carlos 501; em 1887, esse número não aumentou muito, 242 imigrantes foram para Araraquara e 926 para São Carlos. No ano de 1893, 1.417 foram para Araraquara e 3.788 para São Carlos. De 1894 a 1898, ou seja, em um período de apenas quatro anos, Araraquara recebeu 6.729 imigrantes e São Carlos recebeu o dobro: 12.723. Depois de 1899 a imigração começou seu definhamento: Araraquara recebeu apenas 896 imigrantes e São Carlos 869.[5] Entendemos que a inserção gradual de imigrantes pode ter sido o reflexo da estrutura fundiária baseada na pequena propriedade que exigia baixa concentração de braços. Araraquara teve uma expansão cafeeira muito lenta, alcançou a casa de dois mil imigrantes, dez anos após a construção das vias férreas, mesmo assim o número foi menor que em São Carlos, que teve uma expansão cafeeira mais dinâmica e contou com a implantação de grandes unidades produtoras, o que exigia muito mais mão de obra. Sem embargo, obteve uma produção bem mais significativa. O ritmo de sua expansão cafeeira refletia a inserção de imigrantes.

A EXTINÇÃO DO TRÁFICO DE ESCRAVOS E O PROBLEMA DA MÃO DE OBRA

O fato de as regiões araraquarense e são-carlense terem pertencido a uma das maiores zonas cafeeiras do mundo, o Oeste Paulista,

---

5 Dados fornecidos pela Profa. Dra. Maria do Rosário Rolfsen Salles, do Departamento de Pós-Graduação, Araraquara, UNESP, Anuários Estatísticos do Estado de São Paulo.

e estarem próximas à região de Rio Claro, que foi palco das primeiras experiências com trabalhadores livres europeus antes da extinção do tráfico internacional de escravos, nos instigou a examinar num primeiro momento se os fazendeiros araraquarenses e são-carlenses seguiram o exemplo do Senador Vergueiro, pioneiro em buscar alternativas para a substituição do trabalho escravo. Vergueiro também possuía terras nessa região. Em 1814, adquiriu a Sesmaria do Monjolinho, situada nos "Campos de Araraquara", onde introduziu uma criação de gado (cf. Holanda, 1969, p.10). Sua influência na região em estudo era marcante. Em 1841, as eleições de deputados para a Assembleia Legislativa Provincial foram realizadas na casa de morada de José Joaquim de Sampaio, em Araraquara. O Exmo. Senador Nicolau Pereira de Campos Vergueiro obteve doze votos, assim como o Exmo. Senador Diogo Antônio Feijó.[6]

Em 1850 foi promulgada a Lei Eusébio de Queiroz, que extinguiu o tráfico de escravos transoceânico. Esse momento coincide com a expansão cafeeira nas novas fronteiras do Oeste Paulista. Na década de 1850 o Brasil exportava anualmente uma média de 150.840 toneladas de café (cf. Eisenberg, 1977, p.35). Na década de 1860 a expansão cafeeira em São Paulo pode ser observada através do aumento em milhares de pés de café plantados: em 1860 foram cultivados 26.800 pés; em 1870 foram cultivados 60.462 pés de café; em 1880, 69.540 pés (cf. Mattoon Jr., 1977). A expansão cafeeira, como era previsível, refletia nas exportações feitas através dos portos. Lamounier (2000) observa: "Apesar da maior parte do café produzido na Província ser exportada através do porto do Rio de Janeiro e Santos, as exportações através do porto de Santos estavam aumentando rapidamente. Das 2.413.385 arrobas exportadas por São Paulo em 1862/1863, 1.361.876 arrobas foram escoadas através do porto de Santos" (p.51).

O total da produção de café exportada pelo país aumentou consideravelmente entre 1880 e 1900. No ano de 1880 foram exportados 5.783 milhares de sacas de 60 quilos, atingindo 6.925 milhares de sacas em 1888, e 11.285 milhares de sacas em 1900 (cf. Holloway, 1984, Apêndice, Tabela 1).

---

6 Arquivo Histórico da Casa de Cultura de Araraquara (manuscrito), Atas de eleições para deputados, 1841.

A expansão cafeeira exigia dois fatores: terra e mão de obra. Os cafeicultores tentaram resolver o problema do corte da fonte tradicional de braços buscando escravos no Nordeste brasileiro. O Nordeste tornou-se a "nova costa africana", fornecendo braços cativos por quase três décadas consecutivas e formando um mercado interno de escravos. A procura por esses escravos incentivou o aumento nos preços. Em 1852, comenta Eisenberg (1977, p.175), um escravo custava 450$000; em 1857 já estava custando 1:200$000; e, em 1860, 1:500$000.

Estima-se que entre 1850 e 1880, chegavam anualmente ao Sul de 1.000 a 1.500 escravos, sendo a maior parte deles jovens e em plenas condições de produzir a contento (cf. Eisenberg, 1977, p.174-5).[7] Segundo Fragoso (1990, p.172), o incremento do tráfico interprovincial é justificado pela rentabilidade da economia do Sudeste, que permitiu aos cafeicultores suplantarem os senhores de engenho nordestinos no que diz respeito à posse de escravos e ao poder de compra. O tráfico interprovincial nutria-se, em parte, afirma o autor, dos escravos vendidos por senhores endividados ou por grupos sociais menos abastados que se viam obrigados a se desfazer de seus bens, entre eles os escravos. Em Jaboatão, em 1842, município canavieiro de Pernambuco, 30% dos escravos estavam em mãos de pessoas sem terra.

Na década de 1870, um escravo valia uma soma considerável de dinheiro. Observamos num inventário datado de 1887, pertencente ao Dr. Antonio Moreira de Barros, fazendeiro são-carlense do Oeste Paulista, o preço dos seus escravos. O escravo Joãozinho valia 2:500$000, o escravo Luiz valia 2:400$000 e Guilherme 2:300$000. As escravas Benedita, Fortunata e Maria Rosa valiam 1:400$000.[8] A compra de escravos para as lavouras cafeeiras depois da extinção do tráfico tornou-se um empreendimento que exigia somas consideráveis em réis.

Mesmo com o tráfico interno de cativos suprindo as necessidades mais urgentes da lavoura, os fazendeiros reclamavam de falta

---

7 Sobre o tráfico interno de escravos, ver também Conrad (1975).
8 Citamos apenas alguns exemplos, pois o fazendeiro são-carlense possuía um plantel significativo de escravos, um total de 121. Cf. Arquivo de História Contemporânea, Ufscar, São Carlos (manuscrito), Livro inventário, 1877.

de braços. As reclamações sobre a falta de braços vinham por parte dos fazendeiros do Rio de Janeiro e São Paulo, observa Costa (1966, p.60-4). A autora comenta que, na Zona da Mata mineira, a necessidade de braços foi resolvida com o deslocamento de escravos que antes serviam às antigas áreas de mineração. Os fazendeiros do Vale do Paraíba encontravam-se abastecidos de numerosa escravaria e não pareciam sentir a falta de braços tantas vezes alegada pelos agricultores paulistas.

A zona próspera cafeeira, o Oeste Paulista, atraiu contingentes de mão de obra livre e escrava, também empreendedores, afirma Costa (ibidem). Segundo a autora (p.60), proprietários dispostos a investir no rubiáceo deslocavam-se com sua escravaria para as emergentes fronteiras de café paulistas. Essa contínua expansão atraía também mão de obra livre de outras regiões, ou seja, impulsionava o processo migratório. A migração proporcionou um fator constante de crescimento das fazendas, porém, segundo Dean (1977, p.119), é surpreendente que tenha recebido tão pouca atenção por parte dos estudiosos.

A leitura da bibliografia permite questionar sobre até que ponto a carência de braços para a lavoura cafeeira era uma realidade. Ou os cafeicultores paulistas em expansão sentiram-se ameaçados com uma possível falta de braços e, antes que o problema se agravasse ou se tornasse realidade, trataram de assegurar seus empreendimentos buscando antecipadamente alternativas? Autores afirmam que as zonas prósperas cafeeiras atraíam contingentes de braços, fossem eles cativos, migrantes ou imigrantes. Stolcke (1986) observa: "O desenvolvimento e a organização da força de trabalho livre destinadas às fazendas de café de São Paulo foi um processo ao mesmo tempo econômico e político determinado pelo confronto entre os interesses econômicos dos fazendeiros e a habilidade dos trabalhadores para resistir às imposições dos fazendeiros" (p.18).

Diante da extinção do tráfico em 1850, os fazendeiros começaram a buscar alternativas ao braço escravo. As escolhas eram alvo de considerações econômicas, políticas e ideológicas. Para complementar ou substituir o trabalho escravo, desejava-se um trabalhador que fosse barato, disciplinado e eficiente.

As experiências e tentativas com novos trabalhadores variavam no espaço e no tempo. Na província de São Paulo, foram feitas as primeiras experiências com trabalhadores livres, imigrantes europeus contratados em regime de parceria. O fracasso do regime, e a proibição da emigração para São Paulo por parte de algumas nações europeias, levou os fazendeiros de café a procurar outras alternativas. Alguns aumentaram o plantel de escravos recorrendo ao tráfico interprovincial, como observa Lamounier (1986, cap.I), e outros procuraram reformular os contratos e utilizar legislações mais repressivas; outros, ainda, passaram a olhar para os trabalhadores nacionais como a solução mais viável.

Além do tráfico interprovincial, outra alternativa ao problema da "escassez" da mão de obra seria continuar a velha prática de importar braços, mudar a rota da África para a Europa e, em vez de escravos, trazer trabalhadores livres europeus. Foi assim que o pioneiro Senador Nicolau de Campos Vergueiro, antevendo a extinção do tráfico de escravos, passou a importar colonos europeus para suas fazendas na década de 1840. Em 1847, Vergueiro recebia 423 colonos alemães que foram instalados em sua Fazenda Ibicaba, que já contava com 215 escravos. O sistema de trabalho implantado por Vergueiro foi a parceria. De acordo com Lamounier (1986), pelos

> primeiros contratos de parceria, a Vergueiro & Cia se obrigava a adiantar ao colono a soma necessária para o transporte de Hamburgo a Santos e cuidar da manutenção do colono até o momento em que este pudesse sustentar-se pelo seu próprio trabalho. Ao chegar na fazenda seria atribuída a cada pai de família uma porção de cafeeiros que ele pudesse cultivar, colher e beneficiar, e igualmente ser-lhe-ia facultado o plantio, em terras adequadas e em lugar designado, dos mantimentos necessários para o seu sustento. Vendido o café pela Casa Vergueiro & Cia. pertenceria a essa metade do produto líquido, e a outra metade ficaria com o colono. Quanto aos gêneros alimentares produzidos pelos colonos, a Vergueiro & Cia teria direito à metade do excedente. Deveriam cultivar e colher adequadamente os cafeeiros recebidos, depositando o café colhido em lugar marcado no cafezal onde o entregariam ao recebedor da fazenda. O montante da passagem, o sustento e auxílio recebido teriam vencimentos a juros legais de 6% ao ano ... O contratado só poderia

desonerar-se destas obrigações se pagasse o que estivesse devendo à firma Vergueiro & Cia., participando com seis meses de antecedência sua intenção de retirar-se... (p.33-4)

O relatório enviado em 1852 a José Thomaz Nabuco de Araújo, então presidente da província de São Paulo, traçava um quadro positivo dessas primeiras experiências. De acordo com o relatório, os colonos "vivem na abundância, tendo boas hortas, víveres bastantes, creações d'aves, e capados, e cada hum seu cavallo e huma vaca na estrebaria ... também consta que em geral nada há a notar-se cerca de conduta moral dos colonos de qualquer classe..." (apud Lamounier, 1986, p.31-2).

Alguns fazendeiros, incentivados pelos bons resultados dessas primeiras experiências de Vergueiro, seguiram seus passos. Em 1855, havia cerca de 3.500 trabalhadores imigrantes em trinta fazendas na província de São de Paulo, onde o trabalho livre convivia com o regime da escravidão (cf. ibidem, p.32).

As experiências com o contrato de parceria começaram a mostrar problemas logo no início. O incidente mais conhecido foi a revolta dos imigrantes na Fazenda Ibicaba, de propriedade do Senador Vergueiro. De acordo com Stolcke (1986, p.23), os imigrantes protestavam contra o cálculo de rendimentos do café produzido, a cobrança da comissão, a taxa de câmbio desfavorável utilizada na conversão de suas dívidas em moeda nacional, a cobrança do transporte de Santos até a fazenda, e a estranha divisão dos lucros da venda do café.

O cônsul suíço, Tschudi, em viagem pela província de São Paulo em 1859, investigou os problemas que estavam ocorrendo em Ibicaba, fazenda do Senador Vergueiro, relatando:

> Certos agentes de emigração em Antuérpia cometeram graves abusos, contratando imigrantes sem serem autorizados para tal e apresentando contratos em que os nomes dos fazendeiros e das fazendas ficavam em branco. Estes contratos eram depois anunciados à venda nos jornais brasileiros antes da chegada dos navios. Sem levar em consideração esses abusos criminosos, os próprios contratos já bastavam para oferecer motivo a justas queixas ... a revolta entre os colonos, tão pesadamente onerados com toda espécie de taxas e impostos, dívidas e juros, sem falar no tratamento a que ficavam su-

jeitos, nem os sofrimentos que lhes advinham da falsidade e crueldade dos diretores, na sua maioria alemães ... A sublevação na colônia do Senador Vergueiro, em Ibicaba, tomou, porém, feições mais graves e dimensões muito maiores. Em fins de 1856, articulou-se nela uma revolta armada, que tornou necessária a intervenção do exército. (s. d., p.141-2)

Os problemas diversos enfrentados com os imigrantes refletiram nos países provedores de mão de obra, e alguns chegaram a proibir a emigração para o Brasil. Tschudi (ibidem, p.143) também afirma que países como Suíça e Prússia desde 1857 não permitiam mais a vinda de imigrantes para as fazendas paulistas. Com isso, arregimentar braços estrangeiros para as lavouras estava se constituindo num problema cada vez maior.

Quanto aos fazendeiros, reclamavam que os trabalhadores europeus eram indisciplinados, desordeiros, preguiçosos, dados ao vício da bebida, violentos e avessos ao cumprimento de certas tarefas quando estas não se achassem especificadas no contrato. Recusavam-se a fazer cercados para suas pastagens, a não ser mediante indenização. Pouco produtivos, não eram capazes de ocupar-se de mais de 1.500 ou 2.000 pés de café. Não cuidavam da manutenção dos cafezais depois da colheita. Na colheita não tinham o menor cuidado, misturavam bagas verdes e maduras, afirma Costa (1966, p.85).

Lamounier (1986, p.47) analisou o conteúdo das greves que ocorreram com imigrantes no período da parceria e constatou que as principais queixas dos colonos se referiam às cláusulas dos contratos. Para os imigrantes as cláusulas continham falhas e lacunas graves, não especificando claramente as obrigações e os deveres. Por exemplo, aponta a autora, o parágrafo 7 do artigo 5 do contrato de parceria rezava que os colonos teriam de respeitar os regulamentos internos estabelecidos na colônia. Porém, não lhes era dado conhecer a natureza dos regulamentos quando da assinatura dos contratos na Europa. Esses regulamentos, afirma, continham disposições minuciosas, em que fortes multas por infrações eram estipuladas.

O principal problema, contudo, era a dívida onerosa adquirida com o custo do transporte transoceânico que recaía sobre os imigrantes, até mesmo dos parentes que morriam no navio. Estes chegavam a demorar uma média de quatro anos para saldar a dívida, dependendo das condições; se fossem muito favoráveis, demoravam no mínimo dois anos. Segundo Stolcke (1986, p.21, 27),[9] a parceria foi uma tentativa de incentivar o trabalhador, pois sua dedicação e produtividade no café resultaria em ganhos. Os fazendeiros e os agentes tentaram criar a ilusão de que os imigrantes poderiam rapidamente quitar suas dívidas e adquirir terra própria. Contudo, a dívida inicial, mesmo sem dificuldades adicionais criadas pela arbitrariedade do fazendeiro, desencorajava qualquer esforço, além do estritamente necessário. Os fazendeiros viram-se sem meios eficazes de forçar seus trabalhadores a produzir café. Após 1857 abandonaram o sistema de parceria.

A parceria foi substituída pelo contrato de locação de serviços. Nesse sistema, segundo Stolcke (1986, p.33-4), o trabalhador recebia pela quantidade de grãos colhidos e o fazendeiro estipulava o preço por medida. Nas primeiras tentativas, os fazendeiros estabeleceram que o tamanho da roça de subsistência era proporcional aos pés de café tratados, numa tentativa de impedir que os imigrantes desviassem trabalho para as culturas alimentares. Mesmo assim a produtividade no café continuou baixa. O problema da dívida que recaía sobre os imigrantes ainda impedia que trabalhassem a contento.

Analisando a documentação da Fazenda Quilombo, encontramos um "Contrato de locação de serviços".[10] O contrato dessa fazenda são-carlense apresenta mudanças em relação aos primeiros contratos de locação e assemelha-se mais aos ajustes que resultaram no sistema de colonato. Por exemplo, aparece estipulado o preço pago pela carpa anual por mil pés de café e a multa referente ao

---

9 Sobre os inúmeros problemas causados pelo sistema de parceria, ver Davatz (1972); Tschudi (s. d.); Stolcke (1986); Costa (1966); Dean (1977) e Lamounier (1986).

10 A documentação dos livros de administração da Fazenda Quilombo data de 1877 a 1878. No contrato de locação de serviços não aparece o ano, mas ao que tudo indica é para o mesmo período da documentação da administração, ou seja, final da década de 1870. Cf. Arquivo de História Contemporânea, Ufscar, São Carlos, Contrato de locação de serviços.

não cumprimento da carpa.[11] Estipulou-se também quantos pés seriam cuidados, separando os pés novos e os pés já produtivos (artigo 1). A cultura era alvo de atenção especial: "só plantar milho, feijão etc. enquanto não prejudique o cafezal, deixando de plantar logo que seja avisado" (artigo 5). De acordo com o artigo 6, o trabalhador podia plantar gêneros alimentícios entre os cafezais novos e reservava-se um lote de mil braças quadradas para plantações do locador. A dívida dos imigrantes contraída na fazenda foi taxada em 6% de juros ao ano.

Transcrevemos abaixo o texto completo do contrato e do regulamento que o acompanha.

CONTRATO DE LOCAÇÃO DE SERVIÇOS FAZENDA QUILOMBO DO COMENDADOR ANTONIO MOREIRA DE BARROS

1

A tratar na Fazenda Quilombo pertencente ao locatário conselheiro Antonio Moreira de Barros _____ cafeeiros, sendo destes _____ já produzindo, e _____ ainda novos, devendo capina-los cinco vezes annualmente nas epochas determinadas pelo locatário, e a replantar as falhas que apparecerem _____ por cada capina em milheiro de cafeeiros 10$000 (dez mil réis) _____ 20$000 (vinte mil réis) por anno, por milheiro de cafeeiros novos, em que possa plantar uma linha de mantimentos, sujeitando-se à multa de 15$000 (quinze mil réis) por cada capina que deixe de dar no tempo determinado.

2

A dar começo á colheita no dia designado e a só colher café maduro e fazer entrega do mesmo no carreador, limpo de cisco, terras e pedras, mediante a paga de 300 rs. (trezentos réis) por cincoenta litros razourados, e a colher desde a primeira até a ultima árvore do cafezal ao seu cargo, não sendo creditada a importância do preço da colheita senão depois verificado que colheu todas as àrvores comple-

---
11 A carpa é a limpeza dos pés de café, a retirada de mato ou de qualquer planta que estivesse debaixo dos pés de café, pois isso prejudicava o seu crescimento e consequentemente a produtividade do cafeeiro.

tamente e que juntou todo o café do chão, no caso de recusa ser-lhe-
-à debitada a importância desse serviço, feito pelo locador.

3

A não colher café verde, e, quando faça, separar do maduro e fazer entrega do mesmo, sem direito à paga.

4

A não empregar-se em nenhum outro serviço fora do cafezal a seu cargo, antes de tel-o primeiramente capinado.

5

A só plantar milho, feijão, etc. enquanto não prejudique o cafezal, deixando de plantar logo que seja avisado.

6

A não sahir da Fazenda antes de ter concluído os serviços a seu cargo, e, quando concluídos, nunca por mais de oito dias, sem licença por escripto.

7

A responsabilisar-se por si, e por sua família, por qualquer dívida que contraia para com o locatário, pagando o juro de 6% (seis por cento) ao anno.

8

A cumprir, executar e obrigar os membros de suas famílias a cumprirem e aceitarem as presentes condições com todas as cláusulas, e mais o regulamento da Fazenda em tudo o que for relativo à polícia e administração.

9

A cumprir, aceitar e obrigar os membros de sua família a cumprirem e aceitarem todas as instruções que lhes forem dadas pelo proprietário, ou seu preposto, em tudo o que for concernente à administração da Fazenda.

Artigo 2

O locatário_____Proprietário da Fazenda Quilombo, obriga-se:

1

A fazer entrega, em sua fazenda Quilombo ao locador_____ cafeeiros já produzindo e_____cafeeiros ainda novos para serem tratados pelo modo porque ficou estipulado nas presentes condições.

2

A pagar por cada capina em milheiros de cafeeiros já produzindo 10$000 (dez mil réis) e por capina em milheiro de cafeeiros ainda novos 20$000 (vinte mil réis) por anno.

3

A pagar a quantia de 300 rs. (trezentos réis) por 50 litros razourados de café, colhido pelo locador.

4

A fornecer em tempo apropriado as mudas necessárias para as replantas do cafezal a seu cargo.

5

A consentir a plantação de milho, feijão etc. no cafezal novo, a cargo do locador, enquanto não seja prejudicial.

6

A consentir gratuitamente um lote de mil braças quadradas para plantações do locador.

7

A adeantar e fornecer ao locador, em generos, até a importância correspondente à metade do valor que podem produzir as capinas e colheita do cafezal a cargo do locador, para sua sustentação, não cobrando juros sobre essa importância.

8

A verificar a ajustar as contas annualmente e, só depois de justas e verificadas a cobrar juros à razão de 6% (seis por cento) ao anno.

9

A dar casa gratuitamente para habitação ao locador e sua família, em quanto residir na Fazenda.

10

A não rescindir o presente contracto por mutuo accordo, ou quando a má conducta do locador de motivo a isso, ou por venda da Fazenda.

11

O presente contracto terá vigor por dous annos, e se entenderá continuar por mais outro tanto de tempo se não houver aviso em contrario, conforme a condição decima do art. 1.

Artigo 3

A cumprir o presente contracto em conformidade com as leis em vigor. E por esta forma dão-se as duas partes por firmes e contractadas, se obrigando reciprocamente a cumprirem as estipulações do presente contracto, e assignam em duplicata, afim de ficar um exemplar em poder de cada um.

REGULAMENTO

1 O colono é obrigado a respeitar a pessoa e propriedade do proprietário, sua familia ou seu agente, empregados e aos demais colonos e suas famílias.

2 A capinar o café, replantar e colher, conforme o contracto e instrucções que receber.

3 A não deitar fogo na sua roça sem licença do proprietário, ou seu agente, e Ter primeiramente tomado todas as cautellas para que o fogo não communique aos terrenos visinhos.

4 A prestar-se à extincção do fogo gratuitamente, quando haja na fazenda.

5 Por cada tres mil pés de café a seu cargo poderá Ter um animal, quer vaccum ou cavallar, no posto da Fazenda, gratuitamente, até o numero de quatro: si tiver mais pagará á razão de 500rs. (quinhentos réis) mensalmente por cada cabeça.

6 Por toda e qualquer infracção do contracto e deste regulamento pagará uma multa de 5$000 (cinco mil réis); pela falta de capinas, porém, pagará o triplo ou à razão de 2$000 (dous mil réis) diarios por pessoa, se for conveniente ao estado do cafezal, o proprietário mandal-o capinar; e 200 rs. (duzentos réis) por cada replanta que deixe de fazer no tempo apropriado.

7 Não pagará aluguel da casa, mas evitará que seja damnificada; e não o fazendo, poderá o proprietário cobrar aluguel á razão de 600rs (seiscentos réis) mensaes.

8 É proibido, sob pena de 10$000 (dez mil réis) de multa, bater os pés de café ou colher o café com varas.

9 As multas impostas neste regulamento serão:

1 A benefício da família que perder seu chefe.

2 Para aquelle que soffrer qualquer desgraça.

3 Em benefício da colonia, como por exemplo, para formação e custeio de uma escola.

O regulamento é a segunda parte desse contrato e diz respeito aos deveres e obrigações do trabalhador. O primeiro item refere-se ao respeito que o imigrante deveria ter sobre a pessoa, a propriedade e à família do proprietário. Percebe-se a tentativa de incentivar o trabalhador a cuidar de um número maior de pés de café: "Por cada tres mil pés de café a seu cargo poderá ter um animal, quer vaccum ou cavallar, no posto da fazenda, gratuitamente, até o número de quatro" (regulamento, cláusula 5). A moradia era gratuita. Os colonos ficavam proibidos de deixar a fazenda antes de saldar a dívida contraída com o proprietário.

A iniciativa do Dr. Barros em utilizar as multas cobradas dos trabalhadores em benefício dos próprios e da colônia é interessante: "A benefício da família que perder seu chefe; para aquele que sofrer qualquer desgraça; em benefício da colônia para a formação e custeio de uma escola". Não havia interesse por parte do proprietário em lucrar com as multas, mas sim disciplinar de acordo com a organização produtiva.

Na década de 1880, difundiu-se o regime de colonato, um sistema misto de organização das relações de trabalho. O colonato foi implantado num período em que seria solucionado um dos maiores problemas dos regimes anteriores: a dívida contraída com as passagens e despesas iniciais que recaía sobre o imigrante.[12] A partir de 1884, o governo começou a subvencionar as passagens, resolvendo finalmente o problema de falta de braços para a lavoura, tão proclamado pelos cafeicultores. Sob o regime de colonato, de acordo com Stolcke (1986, p.37), a carpa do café era paga a um preço anual fixo por mil pés tratados e a colheita a um preço por alqueire colhido. Assim sendo, garantia-se aos trabalhadores uma renda estável e independente dos rendimentos do café. Nesse sis-

---

12 Sallum Jr. (1982, p.98-101) fez um estudo detalhado sobre o sistema de colonato, contudo não cabem aqui todas as especificidades; as principais são que, sob o colonato, obrigava-se cada família a cuidar de certo número de pés de café e a participar da colheita. Pelos cuidados que cada família de colonos dispensava à parte do cafezal de que se encarregava, carpindo, desbrotando, replantando as falhas, arruando e esparramando o cisco, pagava-se um salário anual. O preço era por mil pés tratados. O pagamento da colheita era feito separadamente da remuneração pelo trato. O contrato dos colonos ainda estabelecia a remuneração por serviços extraordinários e podiam usufruir das moradias, do terreno e das benfeitorias da colônia. Podiam plantar milho e feijão em terras cedidas. Exigia-se também ajuda na extinção de incêndios. Sobre o colonato, ver também Stolcke (1986). De acordo com a autora, o colonato prevaleceria nas fazendas desde os anos 1880 até os anos 1960 (p.36).

tema as multas que eram previstas pelo abandono da fazenda agora eram cada vez mais estipuladas pela não execução das carpas. Por parte dos fazendeiros, a vantagem era que o trabalhador passou a depender diretamente do número de pés tratados, assim era assegurada a produtividade dos cafezais. O problema da falta de produtividade dos trabalhadores foi solucionado. O contrato de locação de serviços da Fazenda Quilombo anteriormente citado já continha algumas dessas mudanças significativas.

O sistema de colonato e o sucesso do programa de imigração subsidiada conseguiram reduzir a questão da alegada "falta de braços" para a expansão cafeeira em São Paulo. No entanto, muitas dúvidas ainda permanecem na historiografia sobre a necessidade dos gastos feitos com a imigração e sobre o papel da população nacional no processo.

Para Hall (s. d., p.207) a imigração subsidiada baseada na alegação de que havia uma séria falta de mão de obra para a agricultura em São Paulo é seguramente um mito. Para o autor, o que poderia ter havido era uma falta de trabalhadores nacionais dispostos a trabalhar pelos baixos salários que os fazendeiros queriam pagar.

Beiguelman (1978), ao estudar a mão de obra que estava engajada na cultura cafeeira, afirma que "neste mesmo período em que o Oeste inicia a incorporação do imigrante europeu, a lavoura operava com três tipos de braços: o livre nacional para tarefas de derrubadas de matas, o escravo para a formação das lavouras e o imigrante para o trato do cafezal" (p.106).

O ELEMENTO NACIONAL: A CONSTRUÇÃO DE UMA IMAGEM

> Atualmente os nacionais auxiliam a lavoura em diminuta escala. Com efeito a indolência prepondera tanto nos hábitos dos colonos nacionais e por tal motivo são eles refratários ao trabalho sistematizado, que em número muito limitado prestam-se à locação regular de seus serviços em bem da exploração agrícola. (Apud Beiguelman, 1978, p.101)

Essa fala, de um dos participantes do Congresso Agrícola realizado no Rio de Janeiro em 1878, é apenas um dos exemplos do discurso da classe fazendeira, que ajudou a construir a imagem do trabalhador nacional.

A discussão em torno do problema da mão de obra ganha novos contornos com a aprovação da Lei do Ventre Livre em 1871 e da nova Lei de Locação de Serviços, aprovada em 1879. Nesse contexto, em que são aprovadas medidas significativas para a reorganização das relações de trabalho, é importante sublinhar o papel do trabalhador nacional. Gebara (1986) sustenta a tese de que a Lei do Ventre Livre surgiu como um mecanismo decisivo, entre outros aspectos, para o controle, a disciplina e a organização do mercado de trabalho livre no Brasil:

> essa lei não apenas ganhou o necessário apoio político para a estratégia da transição como também estabeleceu premissas tais que, a partir dela a transição pacífica e consensual da escravidão para o trabalho livre tornou-se uma imposição ... a lei foi criticamente importante para uma transição ordenada e, consequentemente para o estabelecimento do controle sobre o mercado de trabalho em formação ... A transição para um mercado de trabalho livre não significava para a elite, o fim do mecanismo de controle desse mercado de trabalho. (p.27 e 33)

A lei de 1871 estava centrada na questão do escravo para promover a libertação gradual das gerações seguintes e também criar mecanismos para libertar os escravos já nascidos na escravidão, e para isso foi criado o Fundo de Emancipação.[13] Para Gebara (ibidem), "a questão, por conseguinte nesse processo de transição era assegurar que o ex-escravo se mantivesse no mercado de trabalho".

Em relação às preocupações sobre o trabalhador nacional perante o mercado de trabalho livre que estava se formando, os parâmetros da lei de 1879 são bastante ilustrativos. A mobilidade e a inconstância do trabalhador nacional nos serviços agrícolas eram

---

[13] "O fundo de emancipação seria financiado por um imposto sobre escravos, por um tributo sobre propriedade na transferência de escravos de um dono para o outro e por seis loterias anuais, mais um décimo do rendimento de outras loterias existentes no Império. Permitia aos escravos *possuir* o dinheiro ganho sob a forma de heranças, presentes ou legados, assim como economias pessoais assemelhadas com o consentimento do seu dono, provenientes ou não de seu trabalho ou economias" (Gebara, 1986, p.51-2).

um dos principais fatores que faziam que a classe fazendeira reclamasse por uma legislação mais eficaz que garantisse a fixação do nacional no trabalho. Portanto, caberia ao governo formular diretrizes legais que organizassem o mercado de trabalho em prol da elite agrária. A lei de 1879, entre outros aspectos, procurou responder aos apelos dos fazendeiros. De acordo com Lamounier (1986, p.127), "a lei de 1879 vinha com o intuito de restringir a limites definidos e previsíveis as relações com os trabalhadores nacionais, oferecendo aos fazendeiros de café e proprietários de engenhos as garantias necessárias para o uso de seus serviços e os cumprimentos dos contratos".

A nova lei de locação de serviços de 1879 reservava ao trabalhador nacional a obrigação de contratar seus serviços por seis anos. A lei era também coercitiva e impunha uma medida pela qual o direito da renovação desse contrato não passava necessariamente pela vontade do trabalhador nacional: "Eram reservadas para o trabalhador nacional: a obrigação de contratar os seus serviços por seis anos – prazo mínimo, já que a renovação poderia ser requerida sem a expressa vontade do contratado – e penas de prisão para aqueles que não cumprissem as obrigações ajustadas" (ibidem).

A contratação de trabalhadores nacionais, para alguns fazendeiros, teria que contar com uma legislação que garantisse sua permanência e a produtividade. A preocupação com a produtividade era uma constante, pois as primeiras experiências com o trabalho livre foram frustradas principalmente pelo problema da baixa produtividade apresentada pelos imigrantes (cf. Stolcke, 1986, p.31).

A lei de 1879, de acordo com Lamounier (1986), providenciava principalmente para que houvesse ordem e regularidade nos serviços contratados, assegurando a manutenção de um nível razoável de produtividade e a recuperação em tempo previsto dos investimentos feitos. A nova lei trazia em seu bojo os contratos de serviços de longo prazo efetivados com trabalhadores nacionais e libertos. O contrato para os nacionais era de seis anos. Para libertos a lei previa contratos com prazo de sete anos. Segundo a autora, essa lei vinha com o intuito de garantir a estabilidade dos trabalhadores, os baixos salários, e com obrigações (e penalidades respectivas) para obrigar o cumprimento de longos contratos, e ainda com precauções contra as greves. Por outro lado, o Estado pretendia que o espaço jurídico instituído garantisse e restringisse a organização desse mercado de trabalho livre aos limites e direção desejáveis, ou seja, o modo de encaminhamento da abolição, lento, gradual e seguro.

Estudos recentes têm procurado ressaltar o papel do trabalhador nacional nas mais diversas atividades nas regiões de expansão cafeeira. O tema do trabalhador nacional começa a ser recolocado em outra ótica, em que aparecem análises que delineiam o universo do elemento nacional, reforçando a ideia de que a rejeição e o preconceito por parte da elite agrária dificultaram sua inserção na sociedade brasileira.

O lucrativo empreendimento cafeeiro exigia trabalho produtivo, sistemático e eficiente, o que confrontava com a mentalidade e o modo de vida peculiar dos trabalhadores nacionais. Estes estavam acostumados a trabalhar num ritmo diferente do que exigia a grande lavoura cafeeira. Os cafeicultores, dependentes da exploração máxima do trabalho escravo, não percebiam, ou não queriam assumir, que o problema fora causado por eles próprios ao inserirem a escravidão deixando à margem toda uma classe social de homens livres, pobres e mestiços. Quando a exigência de braços para a lavoura se tornou crítica, era mais fácil acusar o nacional de não fazer nenhum esforço para se adaptar ao sistema produtivo da grande lavoura.

A imagem do nacional como indolente e avesso ao trabalho se consolidou ao longo do século XIX, e perdura ainda no século XX. Naxara (1991) analisa, entre outros aspectos, a imagem do nacional construída através da literatura brasileira no começo do século XX. Observou que Monteiro Lobato "tinha uma preocupação marcadamente social, vendo na situação do caipira paulista um entrave ao progresso que ele julgava necessário e inevitável – seu tom era de denúncia: ele simultaneamente denunciava a miséria do caipira e o responsabilizava por isso" (ibidem, p.193).

> Este funesto parasita da terra é o CABOCLO, espécie de homem baldio, seminômade, inadaptável à civilização, mas que vive à beira dela na penumbra das zonas fronteiriças. À medida que o progresso

vem chegando com a via férrea, o italiano, o arado, a valorização da propriedade, vai ele refugiando em silêncio, com seu cachorro, o seu pilão, a picapau e o isqueiro, de modo a sempre, conservar-se fronteiriço, mudo e sorna. Encoscorado numa rotina de pedra, recua para não adaptar-se. Quando se exaure a terra, o agregado muda de sítio. No lugar fica a tapera e o sapezeiro. (in Naxara, 1991, p.195)

Em 1858, o deputado Paulo Souza assim se referia ao trabalhador nacional na sessão de 12 de março na Assembleia Legislativa de São Paulo: "Diz-se que os brasileiros, desde que estão com a espingarda ao ombro ou com o anzol no rio, desde que têm o lambari para comer e viola para tocar, de nada mais cuidam" (Beiguelman, 1978, p.100).

Em 1874, a opinião sobre os nacionais não havia mudado. O deputado Arouca referia-se aos caboclos nos seguintes termos:

Os trabalhadores livres agora estão pimpões, porque eles já têm consciência da carestia de braços. Fora da lavoura eles ganham um dia para o resto da semana. E quando mesmo assim não fosse, eles querem vadiar na Segunda feira, pois no domingo passaram a noite no cateretê, e também querem vadiar no Sábado por que é dia de Nossa Senhora. Os quatro dias da semana que restam, querem passar bem, fazer cigarro no serviço e comer bem sossegado ... qual pois a utilidade que poderão prestar ao lavrador que está com seus serviços atrasados? (ibidem, p.101)

Imagem semelhante é reproduzida por Mário Palmério (1969), na década de 1950:[14]

E o caboclo? Assunta. Vigia o movimento. Um dia aparecem na sede da fazenda ele, a mulher, a filharada. O fazendeiro, a fazendeira... recebem a visita na cozinha, sem cerimônias, servem docinho, um café. A caboclada volta contente: uma sacada de agrados – toucinho, rapadura, um vidrinho de querosene, palmo e tanto de fumo de rolo, roupinha usada já, mas bem serve ainda para tapar as vergonhas das meninas-mulheres ... Voltam no dia seguinte ... o fazendeiro não incomoda – podem continuar morando nas terras ... adianta ferramenta, adiante mantimento, adianta um dinheirinho. (p.134)

---

14 A primeira edição do romance foi publicada em novembro de 1956.

Nesse clássico da literatura, *Vila dos Confins*, por Mário Palmério, o caboclo, o trabalhador nacional, no primeiro momento aparece como uma figura frágil, que precisa dos favores do fazendeiro; este, sempre com boa alma, atende o caboclo e até o ajuda. No parágrafo seguinte, essa imagem já é totalmente desfeita, o caboclo frágil e desprotegido torna-se preguiçoso: "Que o quê! Todo santo dia é dia santo, e a dor no encontro não o deixa. E o cupim é por demais nunca se viu tanta praga assim no terreno, a semente que o fazendeiro forneceu foi sempre bichada, sem prestança. Bezenção pouco adianta: nasce nada. Só mato" (ibidem).

Depois aparece como traidor e aproveitador:

> E, se o caboclo pelado já é praga das maiores, caboclo de foice, machado e enxadão vira pai e mãe de todas as pragas. Emprenha e pare todas as desgraças inventadas e por inventar. Difícil chegar à moita de coqueiro dona de cem palmitos? O caboclo toca fogo no capão de dez alqueires de pau de lei. A cerca de arame veda a passagem até o corgo ... caboclo bambeia o arame, arromba a cerca... (Ibidem)

Mais adiante o destino sempre incerto, andarilho sem paragens:

> Até que o fazendeiro implica ... bota a corja para fora da cozinha. Ah! É assim? Desfeitaram o coitado, abusaram dele? Caboclo não engole desafôro, isso não. A gente muda uai! O sertão é grande, Deus é maior ainda, e caboclo vira gazeta, sorvete. Por fim a marca registrada, a sociedade o caracteriza ... e toca a nascer caboclinho gazeta neste mundão abençoado. É tudo tal e qual: carinha chupada, barbinha vasqueira, faquinha na cintura. E pitando, e cuspindo de esguicho. E guardando dia santo. (Ibidem)

Essa imagem do nacional remonta aos tempos coloniais. Era preciso ter uma justificativa para a escravidão, acusou-se primeiro os nossos aborígenes de serem avessos ao trabalho. Passaram os séculos, o legado da preguiça, da indolência, do aproveitador continuou, cristalizou-se e elegeu o nacional como o protótipo da vadiagem.

Estudando a vida do caipira paulista, Candido (1964, p.37) observa que "a combinação dos traços culturais indígenas e portugueses obedeceu ao ritmo nômade do bandeirante e do povoador". O caipira adquire os hábitos dos aventureiros e nativos tendendo a ser sempre nômade e preso a uma economia de subsistência, onde a pesca, a coleta e a caça são suficientes para sobreviver. Esses homens fazem parte de uma economia fechada.

Para Sérgio Buarque de Holanda, autor de *Raízes do Brasil* (1997), há uma explicação para o tão proclamado legado da preguiça que afeta os nacionais. Segundo o autor, entre a gente hispânica jamais se naturalizou a moderna religião do trabalho e o apreço à atividade utilitária: "Uma digna ociosidade sempre pareceu mais excelente, e até mais nobilitante, a um bom português, ou a um espanhol, do que a luta insana pelo pão de cada dia ... o gosto pela aventura, responsável por todas essas fraquezas, teve a influência decisiva em nossa vida nacional" (p.38-46).

Naxara (1991), analisando as imagens que foram construídas sobre os nacionais na virada para o século XX, afirma que o "povo brasileiro, visto por suas elites, aproximava-se do atraso e da barbárie, enquanto que o que se tinha em vista era alcançar o progresso e civilização. Tal questionamento acabou levando a uma identificação do brasileiro pela ausência do que se esperava que ele pudesse ser, ou seja, por aquilo que lhe faltava" (p.9).

Alguns apostavam que o trabalhador nacional *pudesse ser* aproveitado no sistema da grande lavoura; outros acreditavam que *faltava* ao nacional as qualidades que possuíam o trabalhador ideal: ser disciplinado no trabalho e dependente do salário.

Candido (1964) afirma que não devemos buscar apenas nas raízes históricas a fuga ao trabalho do caipira paulista: "Devemos apontar as determinantes econômicas e culturais de um fenômeno que não deve ser considerado vadiagem, mas desnecessidade de trabalhar, que é outra coisa, e no caso, mais importante para caracterizar a situação" (p.86).

No desenvolvimento do capitalismo, no qual tempo é dinheiro, o trabalhador perde a liberdade de escolher seu próprio tempo: o tempo de trabalho lhe é imposto. O trabalhador nacional *resiste* à imposição do trabalho sistemático da grande lavoura, isto é, recusa a exploração. Azevedo entende que "o reverso da falta de controle de tempo dos trabalhadores rurais pelos proprietários era a liberdade de apenas trabalhar para a própria sobrevivência". Moura (1998) observa que a vida na roça dos homens livres e pobres acontecia através de ciclos: "Onde a magia, a religião e as manifestações da natureza definiam o dia do plantar, do colher, do preparar a terra ... Arranjar-se nesses serviços (nos serviços dos cafezais) só era possível se seu tempo coincidisse com tais intervalos; caso contrário seria difícil para o pequeno lavrador sem-escravos, deixar de colher ou plantar no dia propício" (p.92).

As análises dos autores unem-se para mostrar o trabalhador nacional dotado de vida própria com um ritmo particular de trabalho, e resistindo às imposições do trabalho na grande fazenda.

Ao impor um tempo próprio, o trabalho de acordo com suas necessidades, bastante simples, o trabalhador nacional também impõe uma forma bastante peculiar de resistência à exploração dos fazendeiros. Azevedo (1987) afirma:

> Na verdade, os grandes proprietários detinham o poder até certo ponto pois faltava a incorporação deste por parte dos dominados, ao nível de uma disciplina de trabalho. Ao contrário, desenvolvia-se uma espécie de contrapoder por meio de uma resistência disseminada e cotidiana nos locais de trabalho e moradia, utilizando-se de diversos subterfúgios em defesa do controle do tempo. (p.129)

Em outras palavras, o trabalhador nacional possuía um modo de vida singular, enraizado pela cultura que adquiriu e dificilmente iria mudar radicalmente, ou rapidamente, de acordo com as necessidades da grande lavoura cafeeira e desse momento de transição para o trabalho livre.

Chiara Vangelista (1991) questiona o porquê de não se ter criado formas de incentivo ao trabalho à população nacional: "Assim como se caracterizou uma forma de trabalho adaptada ao imigrante europeu, não se poderia criar uma forma de trabalho adaptada às características do trabalhador brasileiro evitando custos necessários à importação de força de trabalho?" (p.76).

Contudo, havia fazendeiros que se entendiam muito bem com a mão de obra livre nacional. É o caso do Dr. Carvalho, fazendeiro de Araraquara, que parece ter-se adaptado às características do trabalhador nacional, especificamente à irregularidade dos serviços. Em 1885, seu empregado, José Pinto Fernandes, faltou 102 dias do serviço trabalhando apenas por meio dia. Suas inúmeras faltas, a ausência total de controle do tempo não o prejudicaram, pois o Dr. Carvalho, em 1886, o recontratou. Outro caso parecido é o de Felipe de Arruda, empreiteiro do Dr. Carvalho, que em 1883 faltou 72 dias e em alguns casos trabalhou apenas meio dia. Continuou a trabalhar como empreiteiro na fazenda nos anos seguintes, 1884 e 1885.[15]

O Dr. Antonio Moreira de Barros, além de seus escravos, também contava com trabalhadores nacionais para as frentes de colheitas em sua Fazenda Quilombo, em São Carlos. Estes recebiam por alqueires de pés colhidos. Não havia um esquema sistemático de trabalho imposto, a produtividade é que determinava quanto os trabalhadores ganhavam. Para o ano de 1877, constatamos a presença de 24 nacionais trabalhando para o fazendeiro. Estes possuíam folhas individuais – por exemplo, a de Bendito Alves dos Santos, colhedor de café –, onde eram anotados os dias referentes à colheita, a quantidade de alqueires colhidos e o preço a ser pago pelo serviço.[16]

As tentativas de criar uma forma adaptada às características do trabalhador brasileiro sempre resultavam em propostas de cunho coercitivo, que implicavam alterações dos sistemas jurídico e policial como meio de acabar com a mobilidade do trabalhador, ou seja, de forçar sua permanência no local de trabalho. Pensava-se também, afirma Azevedo (1987, p.130-3), em "educar" o nacional à disciplina do trabalho imposta pela grande lavoura via aprendizado profissional. Mas, para a maioria dos políticos e fazendeiros, o mais importante era uma mudança na legislação que garantisse a regularidade e a eficácia nos serviços prestados pelos nacionais.

---

15 Arquivo Histórico da Casa de Cultura de Araraquara (manuscrito), Livro de administração de fazenda, 1883-1888.
16 Na lista dos nacionais constavam os seguintes nomes: Joaquim Mariano, Benedito Hilário, Joaquim Bento Santana, Antonio da Silva dos Santos, Mariano Lima, Joaquim Ignácio, Candido Pedreiro, Theodoro, João Guedes, Bendito Alves dos Santos, Anna C. Maria, João Luís Malhado Rosas, Joaquim Califórnia, José Ricardo Moreira de Barros, Antonio Firmino Gomes de Araujo, Francisco Alves, João Estevão Ferreira, José Bento Moreira, João Antonio da Costa Carvalho, Salvador José Antonio da Silva, Francisco Fernandes de Oliveira Silva, Jordão Pereira de Barros. Cf. Arquivo de História Contemporânea, São Carlos (manuscrito), Livro inventário, 1877.

O deputado Araújo propôs à Assembleia Legislativa em 1871 que se aprovasse "uma lei que obrigasse nossos patrícios, que vivem entregues à ociosidade, a empregarem-se no serviço da lavoura, mediante a promessa de certos favores" (apud Azevedo, 1987, p.131). As vantagens e os favores mencionados seriam formas de fazer internalizar a disciplina do trabalho e a autonomia perdida, afirma Azevedo (ibidem, p.130-1). O aprendizado profissional seria uma persuasão moral que começou a tomar forma a partir da fundação do Instituto de Educandos Artífices em 1874. O objetivo era preparar homens para a indústria, para as artes mecânicas e para várias profissões. O deputado Paulo Egídio, observa a autora, justificava a necessidade de se subvencionar um maior número de vagas lembrando a urgência de se transformar nacionais poucos propensos e aptos a trabalhar em amantes do trabalho.

A legislação brasileira que regulamentava as relações de trabalho no campo era, aos olhos de alguns fazendeiros, precária. Fazendeiros e governo reclamavam por uma legislação mais elaborada, mais próxima da realidade urgente da lavoura. Lamounier (1986, p.72-80) afirma que esses fazendeiros, com frequência, se queixavam da falta de uma legislação que garantisse o trabalho dos nacionais, especialmente a partir da década de 1860 e das frustradas experiências com o trabalhador imigrante europeu: "A lei de 1830, que regulava os contratos com os nacionais, não conferia a competência necessária para julgar as complexas relações que iam se constituindo entre estes e os fazendeiros". Para garantir o emprego de trabalhadores brasileiros, garantir sua regularidade e estabilidade exigiam-se reformas legislativas e muitos incentivos.

Quando Chiara Vangelista (1991) indaga sobre a possibilidade de se ter criado uma forma de trabalho adaptada ao trabalhador nacional, podemos dizer que foram feitas propostas e tentativas, mas todas elas tendo como base a coerção. Eisenberg (1989) aponta como principal causa dessa situação a própria mentalidade da elite agrária: "Não há como negar que o apelo para o trabalho forçado dos livres deixa-nos pensar em um novo tipo de escravidão, e que, nesse sentido, podia ser caracterizado como a proposta de uma mentalidade mais ligada ao passado do que ao futuro" (p.147).

Alguns autores procuraram entender certos procedimentos da elite agrária comparando as atitudes dos cafeicultores das antigas zonas cafeeiras do Vale do Paraíba com a mais emergente zona produtora – o Oeste Paulista. Segundo Peter Eisenberg (ibidem), essa linha interpretativa que privilegia as diferenças regionais provavelmente começou com Sérgio Buarque de Holanda em *Raízes do Brasil*, onde o autor concebe a ideia de que no Oeste Paulista "o domínio agrário deixa, aos poucos, de ser uma baronia, para se aproximar, em muitos de seus aspectos, de um centro de exploração industrial. Por ter aparecido uma nova raça de senhores rurais com iniciativas e espírito prático devido à própria natureza do café" (ibidem, p.133-4).

O tema é controverso na historiografia. Beiguelman (1978, p.52) rejeita a ideia de uma mentalidade progressista específica dos fazendeiros do Oeste Paulista. Na sua percepção, esse "progressismo" é antes de mais nada um ideário forjado pelos próprios paulistas. Estes atribuíam o atraso aos fazendeiros do Vale do Paraíba. De acordo com a análise da autora, essas diferenciações partiram de uma briga de vizinhos concorrentes que se autodenominavam "progressistas". Beiguelman parte do pressuposto de que se deve levar em conta as condições estruturais que impeliram os fazendeiros da área cafeeira emergente a buscar definições econômicas diversas. Essa busca de alternativas estimulou um comportamento diferencial dos fazendeiros paulistas.

Dean (1971, p.48-9) critica a linha interpretativa das diferenças regionais, afirmando que em São Paulo havia fazendeiros que não conseguiram manter suas fortunas, e que no Vale do Paraíba havia fazendeiros que eram empresários bem-sucedidos. Tanto uma região quanto a outra, acrescenta, possuíam seus barões e condes.

Para Eisenberg (1989), a mentalidade da elite agrária deve ser analisada naquilo que todos os autores reconhecem como significativo – a utilização da mão de obra como fator preponderante.

> Para comprovar a existência de uma mentalidade antiquada, atrasada ou menos racional no Vale do Paraíba, será preciso constatar naquela região, uma relutância em abandonar a mão de obra escrava ou uma preferência pela sujeição de trabalhadores livres a regimes menos livres do que o de simples assalariamento, enquanto entre

fazendeiros do Oeste Paulista prevalecia outra mentalidade, menos interessada em manter a escravidão e mais aberta para o trabalho livre sem grandes restrições. (p.140)

A conclusão do autor é de que não havia diferenças significativas em termos de mentalidade entre os fazendeiros nas duas regiões.

A mentalidade da elite agrária paulista se refletia no seu discurso. Naquele momento, o problema que assolava a grande lavoura era a mão de obra que poderia substituir o escravo, qual tipo de sistema de trabalho seria mais adequado para manter a produção e como poderiam garantir a produtividade e a estabilidade do trabalhador com as leis que regiam as relações de trabalho já ultrapassadas. Podemos observar, através dos inúmeros discursos que ocorreram durante o Congresso Agrícola de 1878, como essa elite pensava em resolver esses problemas, qual era a mentalidade preponderante em relação às propostas que ofereciam ao ministro da Agricultura.

Em 1878, no Rio de Janeiro, o ministro da Agricultura, Comércio e Obras Públicas, João Vieira Lins C. de Sinimbu, promoveu um congresso agrícola para ficar a par das necessidades e problemas dos lavradores das principais províncias do Brasil. O governo imperial, preocupado com o futuro da empresa agrícola, base incontestável da economia do país, convocou os agricultores das principais províncias no intuito de ficar a par dos reais problemas e reivindicações. A convocação imperial demonstrava a seriedade e a preocupação do governo em relação aos problemas mais urgentes da classe fazendeira, desencadeados pela promulgação da Lei Eusébio de Queiroz, em 1850, e pela Lei do Ventre Livre, em 1871. O esforço de ambas as partes visava à transformação das relações de trabalho da escravidão ao trabalho livre sem grandes perdas e problemas. A convocação foi feita nos seguintes termos:

> Os interesses da grande lavoura, qual, na situação actual, é ainda a base de riquesa e prosperidade nacinaes, occupam séria e vivamente a attenção do Governo Imperial, que reconhecendo a importancia que exercem nas condições economicas do paiz, está disposto a animal-os e promovel-os em tudo quanto depender da acção dos Poderes Publicos...

O governo Imperial julga que grande proveito resultará de uma reunião de lavradores em que se examinem e discutam os diversos e mais urgentes problemas que entendem com os melhoramentos da agricultura...
Seria para desejar que nessa reunião fossem simultaneamente attendidas as necessidades de toda a lavoura nacional, e generalisados os beneficios que se projectam. Mas, não sendo possivel nem praticavel provel-as de uma vez, porquanto taes necessidades variam de grande para a pequena lavoura, assim como de uma para outra zona, e nem são idênticas relativamente aos seus diversos ramos, ficará o campo dos estudos limitado, por ora, à grande lavoura das províncias do Rio de Janeiro, São Paulo, Minas Gerais e Espírito Santo, d'onde mais facilmente os agricultores poderão concorrer ao Congresso. (Congresso Agrícola, p.1)

À convocação dirigia uma série de perguntas, das quais citamos as principais:

Quais as necessidades mais urgentes e immediatos da grande lavoura?
É muito sensível a falta de braços para manter, ou melhorar ou desenvolver os actuaes estabelecimentos da grande lavoura?
Qual o modo mais eficaz e conveniente de supprir essa falta?
Pode-se esperar que os ingênuos, filhos de escravas, constituam um elemento de trabalho livre permanente na grande propriedade? No caso contrário, quaes os meios para reorganizar o trabalho agricola?
A grande lavoura sente carencia de capitaes? No caso afirmativo, é devido este facto à falta absoluta delles no paiz, ou à depressão do credito agricola? (ibidem, p.2)

A abertura do congresso contou com 279 participantes, sendo 145 (52%) da província do Rio de Janeiro; 71 (25%) de São Paulo, incluindo 17 do Vale do Paraíba, e 48 do Oeste Paulista; 53 de Minas Gerais. Organizaram-se as comissões que iriam representar as respectivas províncias, como também os respectivos municípios. Como respostas ao questionário foram apresentados diversos projetos. Através dos debates realizados, foi possível ver as reais posições dos representantes da província de São Paulo perante a questão da reorganização do trabalho, das leis que regiam o mercado de trabalho, seus medos, anseios, preconceitos, e quais as mudanças que propunham.

Quando Eisenberg (1989) afirma que para entendermos a mentalidade da elite agrária brasileira a partir da metade do século XIX necessariamente temos que passar pela questão do problema da mão de obra, que constituiu um dos mais importantes debates para a época, está absolutamente certo. Ao analisar o discurso dos representantes da grande lavoura percebemos nitidamente dois pontos preponderantes: adesão à imigração europeia de alguns e a busca da solução através do próprio trabalhador brasileiro, de outros. Contudo, ambos pediam modificações na legislação trabalhista, uma boa lei de locação de serviços que desse conta das novas relações de trabalho.

Depender apenas dos únicos escravos que possuíam não fazia mais parte dos planos dos lavradores naquele momento; mais do que nunca, precisavam de braços livres. Essa era a maior preocupação do Dr. Cesário Magalhães, representante de Porto Feliz, bem próximo a Araraquara. Magalhães acreditava que o crédito agrícola iria "gradual, fatal, progressivamente diminuindo, si não nos tornarmos independentes do braço escravo, trabalhando com afinco para aquisição do trabalhador livre". O Dr. Laurindo José de Almeida, representante de Bananal, dizia que "é tão sensível a falta de braços que tornara-se crescente necessidade, a lavoura irá ao descalabro irremessivelmente" (Congresso Agrícola, p.37-46).

Do mesmo modo, os fazendeiros não queriam mais depender do tráfico interno de escravos, que elevara muito o preço do elemento cativo e concentrava os escravos no Sudeste, causando divergências agudas entre os interesses dessa região e o Nordeste. Alfredo Silveira da Motta, representante de Mogi Mirim, sugeriu a extinção do tráfico de uma para outra província (ibidem, p.31).

A reforma nas leis de locação de serviços foi exigida por muitos representantes paulistas. Alfredo Silveira da Motta sugeriu uma "reforma das leis de locação de serviços adaptando-se de preferência o sistema de salário". O Dr. Laurindo de Almeida, de Bananal, exigia uma reforma na legislação para "torna-la mais severa e eficaz ... impondo penas de prisão de oito dias, um ano ou dois anos ...". José de Souza Barros, representante de Araras e Araraquara, foi mais enfático na defesa das mudanças da legislação e especificou melhor suas reivindicações para beneficiar a imigração:

> a igualdade para o estrangeiro em todos os direitos políticos, o casamento civil, a abolição da Igreja do Estado e a grande naturalização são reformas reclamadas por muitos lavradores ... como partidário do trabalho livre, que entendo ser o meio mais eficaz para chamar uma corrente de imigração capaz de satisfazer as necessidades da lavoura, pediria a abolição da prisão por dívida, que serve de garantia aos adiantamentos feitos pelo lavrador ao colono, e que tem causado grandes males, porque sem esta garantia, nenhum lavrador faria adiantamentos, e o colono ver-se-ia forçado a trabalhar desde o primeiro dia de sua chegada à fazenda, afim de adquiri o alimento necessário para o dia seguinte, si o colono fosse laborioso, nenhuma queixa poderia ter do patrão, e, si, a tivesse, só de sua vontade dependeria continuar a trabalhar para o mesmo. Convencido hoje, como estou, que a maioria dos lavradores deseja que a lei de locação de serviços seja modificada no sentido de melhor garantir a propriedade do patrão sem importar-se com a miséria do trabalhador ... (Ibidem, p.31 e 44-6)

Alguns rejeitaram totalmente o projeto de imigração dos *coolies*, como eram chamados os chineses. É o caso do Dr. Eduardo Pereira de Abreu, representante de Silveiras:

> Considero uma calamidade para a atual lavoura a introdução dos coolies em nosso país. Nem como maquinas de trabalho e esgotados que sejam todos os recursos que ainda restam nos naturais do país e na colonização europeia, podemos admitir a aquisição do homem asiático conhecido com o nome de coolie. Fracos, indolentes por natureza, alquebrados pela depravação dos costumes e hábitos que desde o berço adquirem, narcotizados físicos e moralmente pelo ópio, não poderão nunca no Brasil suportar o árduo e penoso trabalho na cultura do café. (Ibidem, p.39)

A mesma rejeição à imigração chinesa tinha o Dr. Domingos José Nogueira Jaguaripe Filho, representante de Rio Claro:

> alguns lavradores advogam com insistência a colonização chinesa como meio de salvador da lavoura do país ... patriótico a levantar sua voz para protestar contra isso em nome da lavoura daqueles que representa, afim de que fique bem claro o pensamento de que não é

possível salvar o futuro da nossa agricultura com a importação de coolies. (Ibidem, p.157)

Quanto ao aproveitamento do trabalho do ingênuo, muitos lavradores paulistas não acreditavam que pudessem constituir um elemento permanente de trabalho. Alfredo Silveira da Motta afirmava que "os ingênuos não podem constituir elemento de trabalho permanente". O Dr. Laurindo de Almeida, de Bananal, dizia: "Não espero que os ingênuos constituam elemento de trabalho livre com eficácia, senão enquanto os pais forem escravos" (ibidem, p.31-46).

Essas questões relativas ao trabalho do imigrante, do nacional, do ingênuo e do liberto como alternativa ao escravo estavam presentes nos discursos de todos. Para a grande maioria dos participantes do congresso, fossem eles fazendeiros no Vale ou no Oeste, o trabalho regular e estável desses trabalhadores só podia ser obtido com a adoção de uma legislação mais coercitiva, que os obrigasse a cumprir as exigências dos contratos. Havia diferenças entre o que era proposto para os imigrantes europeus e para os nacionais. Como mostramos a seguir, as propostas para os nacionais eram sempre mais evidentemente baseadas na coerção e na repressão.

O Dr. Jaguaripe Filho, em relação aos imigrantes europeus, sugere

> estabelecer casas confortáveis nas capitanias marítimas, afim de receber os imigrantes espontâneos e entrega-los aos cuidados das associações particulares, remunerando com honras a dedicação patriótica. Promover entre os colonos e estrangeiros assinaturas, atestando do clima, da produção, dos meios de viver no país e de quanto de bom há nele. Subvencionar uma ou mais empresa marítima, afim de que todo estrangeiro que vier emigrado para o Brasil tenha passagem mais barata do que para qualquer outro porto da América. (Ibidem, p.160)

Seis anos depois, a reivindicação do Dr. Jaguaripe Filho foi atendida até além de suas expectativas. Em 1884 o governo passou a subvencionar totalmente as passagens dos imigrantes europeus. São Paulo passou a receber milhares de trabalhadores que aportavam às centenas em Santos e eram prontamente engajados nas lavouras cafeeiras por intermédio da Hospedaria de Imigrantes, na capital: "Alguns até viajavam à pé, cruzando a maior parte do norte da Itália sob um rigoroso inverno, para tomar navios que em Gênova prometiam passagens grátis para Santos", observa Hall (s. d., p.203).

Quanto aos nacionais, o orador Jaguaripe Filho sugere

> aproveitar operários nacionais insentando-os do serviço militar e arregimenta-los em uma milícia agrícola sem pressão sobre o pobre, mas com a obrigatoriedade do serviço agrícola nos sítios e zonas onde morarem. Deste serviço serão empregados somente os lavradores que terão interferência nos povos que morarem em seus municípios. A correção à indolência será feita com exclusão do serviço agrícola das pessoas que se mostrarem impotentes, e com a inclusão no militar. E o meio de forçar o aborígene ao trabalho, e por mais odienta que pareça a criação de tal milícia, é mais útil e eficaz do que a guarda nacional, elemento político dos partidos.

O Sr. Jaguaripe Filho pensou numa política de trabalho para o brasileiro baseada na coerção. O congressista refletia o pensamento da maioria da nossa elite agrária quanto ao nacional – indolente, preguiçoso e avesso ao trabalho. Porém, havia aqueles que, ao contrário, acreditavam nos brasileiros. É o caso do Major Manuel de Freitas Novaes, de Queluz, São Paulo, que afirmou que no Congresso estavam reunidos distintos lavradores "que sabem o que valem esses homens". O major estava se referindo aos trabalhadores nacionais. Descreveu que tinha uma

> colônia principiada há 28 anos com quatro famílias dos chamados caboclos, mas nela não há um só contrato, o que ali predomina é a mais perfeita espontaneidade dessa gente, é a liberdade que ela tem, não só de trabalhar, como de gozar. Nessa colônia segue cada um a política que quer, e o seu administrador geral é muito distinto liberal, quando o seu proprietário é conservador. Há perfeita independência em todos aqueles que ali estão estabelecidos, não se dando preferência a credo político, nem a cores ou nacionalidades. Ali só distingue por seu trabalho e sua moralidade. Desse modo tem conseguido que seus colonos tirem o resultado anual de 400$000 a 1:800$500 por família ... O caboclo é melhor do que o estrangeiro, porque entra no mato e, incolume, derruba as árvores, ao passo que o estrangeiro que entra no sertão fica inutilizado pelos insetos que o atacam.

O Sr. Francisco Jeronymo Bittencourt Coelho, de São Carlos, também afirmou que tinha "uma colônia e os seus trabalhadores são na maior parte brasileiros, muitos deles nada lhe devem, e, ao contrário, confiam-lhe sua economia. Como há de provas que esses homens sejam privados do direito do voto, unicamente porque contrataram seus serviços?".

O Dr. Antônio Joaquim de Carvalho, de Araraquara, Dr. Antônio Moreira de Barros e Francisco Jeronymo Bittencourt Coelho, ambos de São Carlos, região das bocas de sertão, e Major Manuel de Freitas Novaes de Queluz, também em São Paulo, são alguns exemplos dos fazendeiros que utilizaram o trabalhador nacional como opção à falta de braços em suas lavouras, ao contrário de outros fazendeiros que entendiam que os brasileiros não prestavam nenhuma ajuda aos serviços mais urgentes da lavoura em razão de seu caráter indolente, ocioso e preguiçoso.

Para alguns fazendeiros, contratar imigrantes parecia ser um meio fácil, conveniente, barato e rápido para garantir o investimento cafeeiro. Arregimentar braços nacionais talvez não fosse o melhor negócio, exigia um pouco mais de trabalho e paciência, pois estes não estavam agrupados nos portos, prontos para serem engajados nas fazendas, e não tinham agentes que se prontificavam em recrutá-los. Além dessa dificuldade, o nacional não parecia ser o "trabalhador ideal" para as necessidades da grande lavoura por causa do seu peculiar modo de vida e sua cultura, que confrontava com o trabalho sistemático imposto pelos cafeicultores. Para outros, a mão de obra nacional era aquela que garantia a produção em razão das vantagens inerentes, conhecer o clima, a terra; possuir um jeito próprio e inventivo de improvisar para atender às inúmeras tarefas que exigia a lavoura; aceitar contratos informais e os mais variados arranjos, além da enorme da vantagem de falar o mesmo idioma.

NAS FÍMBRIAS DA TRANSIÇÃO

O trabalhador nacional esteve inserido no processo de transição ao trabalho livre em todas as regiões do país, inclusive em regiões onde a concentração de escravos foi significativa. De acordo com Eisenberg, os nordestinos não pareciam sentir falta de braços em suas lavouras em 1878, período no qual milhares de escravos do Nordeste eram comprados pelos fazendeiros paulistas e milhares de nacionais, flagelados pela grande seca de 1877-1879, invadiram a Zona da Mata e aparentavam ter uma grande reserva de mão de obra. Ou seja, o contingente de nacionais, mesmo com deslocamentos temporários, supria a necessidade da lavoura no Nordeste no declínio do escravismo.

Nas regiões do Oeste Paulista, o trabalhador nacional sempre esteve presente nas frentes agrícolas mesmo com a inserção de grandes contingentes de imigrantes europeus. Contudo, a questão do trabalhador nacional no contexto da transição era bem mais complexa, pois o que estava em pauta era a organização do trabalho livre e o controle efetivo desses trabalhadores, fossem nacionais, ingênuos, forros ou imigrantes.

A aprovação da Lei do Ventre Livre em 1871 e a nova Lei de Locação de Serviços em 1879 revelam a preocupação do governo com essa camada social tão marginalizada, que estava emergindo, crescendo e participando do mercado de trabalho. A partir de 1870, o mercado ampliava sua rede de oferta de empregos tanto no perímetro urbano como no rural. Na região de Araraquara, a cidade e o campo ofereciam possibilidades diversas. Analisando a lista de votantes de Araraquara no período de 1847 a 1890, podemos observar, ao longo do período, uma ampliação do leque das diferentes profissões remuneradas e autônomas que passaram a ganhar destaque na região. Observam-se alfaiates, escrivães, comerciantes, mesários, sapateiros, professores, negociantes, tabeliães, ourives. As profissões ligadas ao trabalho rural são as de carpinteiro, ferreiro, farinhador, fiscal, carapina. Em 1867, aparecem quatro tropeiros, uma atividade cada vez mais importante. Em 1890, a lista de votantes aponta claramente um maior aumento na diversificação das profissões. Começaram a aparecer seleiros, guarda-livros, zeladores, pedreiros, cocheiros, administradores, maquinistas, caldereiros, foguistas, todas profissões ligadas ao trabalho das fazendas.

Bassanezi (1973) descreve todas as atividades remuneradas exercidas na Fazenda Santa Gertrudes em 1890, mas que já eram executadas por homens livres antes do escravismo. Dentre as profissões, muitas delas aparecem na lista de votantes por nós apontadas. A autora revela que no complexo cafeeiro contava-se com mão de obra especializada e não especializada. Contratavam-se trabalhadores de ofício: seleiros, ferreiros, marceneiros, pedreiros, eletricistas, foguistas. Para a manutenção das máquinas, das cercas, das casas, das caldeiras e outros mais, contratavam-se ainda outros empregados. Para dar conta dos animais da fazenda, seja para consumo, custeio ou montaria, contratavam-se um campeiro, candeeiro (vai diante dos bois guiando-os), carneireiro (encarregado de tomar conta das ovelhas), carreiro (guia do carro de bois), castrador, carroceiro, cocheiro, seleiro, limpador de estábulo, um empregado para cuidar dos cavalos de corrida, outros para tratar de porcos, de galinha e de cachorros e um cortador de capim para dar comida aos animais.

Para dar conta da comida e da limpeza de uma fazenda eram contratados um chacareiro que se encarregava da horta e do pomar, um leiteiro, um monjoleiro, uma cozinheira para fazer a comida dos empregados sem família e uma outra para fazer a comida da casa do fazendeiro e um copeiro encarregado do serviço de copa. Havia também as criadas, a doceira, a lavadeira, os varredores e os fazedores de manteiga e queijo. Contratavam-se também um guarda-noturno, um guarda-porteira, um escrivão e um jardineiro.

Para a manutenção da produção, os trabalhadores eram o beneficiador, que lidava com as máquinas de beneficiar café, os camaradas, os colonos. Contratavam-se diretores e fiscais para diferentes seções: um diretor de colônia, encarregado de coordenar ou supervisionar os trabalhos dos colonos, um diretor-geral da seção pastoril. Quanto aos fiscais, havia o fiscal de turmas ou feitor, responsável pelo trabalho de determinadas turmas, e o fiscal de caminhos. Havia um recebedor de café, pessoa que na época de colheita recebia e controlava o café colhido. Depois da derrubada para a plantação de novos cafezais, contratava-se um tirador de tocos para limpar totalmente a área. Depois, contratava-se o empreiteiro para a formação dos cafezais. Para controlar, conferir e ordenar essas inúmeras tarefas do cotidiano de um complexo cafeeiro, contratava-se um administrador (Bassanezi, 1973, p.251-4).

Dentro do universo rural, além das atividades primordiais apontadas por Bassanezi (1973), existiam trabalhos de manutenção importantes a serem feitos, mas estes aparecem muito pouco na bibliografia – por exemplo, a manutenção de estradas e caminhos. Estradas, caminhos, sempre foram vitais para o escoamento de mercadorias, tanto para exportação como para o mercado interno em qualquer região do país. Geralmente, a mão de obra utilizada para esse tipo de trabalho era composta por nacionais que se empregavam na abertura dos caminhos em períodos diversos, principalmente quando não estavam na lavoura. Segundo Beiguelman (1978), a cultura de subsistência era conjugada com o serviço de estradas, o que permitia oportunidades suplementares de ganho. Em seu depoimento, em 1885, o deputado Barata reclamava que os nacionais não lavravam suas terras o ano todo, pois reservavam um período para trabalhar nas estradas por ganharem bons salários:

> Uma grande classe de lavradores que pode ser denominada paupérrima, em razão da uberdade das terras, não lavram as suas pequenas sortes de terras o ano todo, as diversas plantações a que eles se dedicam, têm períodos certos e determinados, nos intervalos desses períodos eles trabalham nas estradas e dão graças a Deus quando acham um bom salário; e a lavoura dessa classe pobre, ainda que sofresse algum desfalque redundaria em economia de consumo para eles, por que essa gente não exporta coisa alguma. (Beiguelman, 1978, p.99-100)

Na região de Araraquara, durante o século XIX, estradas e caminhos eram tão importantes que a prefeitura municipal estipulava aos fazendeiros os caminhos que eles deveriam abrir. O não cumprimento da tarefa de abertura dos caminhos resultava em multas para o fazendeiro. Em 1871, a Câmara Municipal multou Joaquim da Costa Abreu por não ter aberto o caminho que lhe foi determinado.[17] O fazendeiro se via obrigado a contratar turmas de homens livres, para a "factura do caminho" (construção de caminhos e estradas). Havia também multas aplicadas pela Câmara Municipal, através dos fiscais e inspetores de caminho, a trabalhadores livres por faltarem ao trabalho da "factura do caminho".

---

17 Arquivo Histórico da Casa de Cultura de Araraquara (manuscrito), Atas da Câmara Municipal, 1867 a 1871 e de 1871 a 1879.

Fiscais e inspetores de caminho supervisionavam o trabalho das estradas abertas determinadas aos fazendeiros. Do mesmo modo fiscalizavam o serviço dos trabalhadores destinados à feitura do caminho. O exemplo a seguir é um termo de multa aplicado pelo inspetor de caminho do bairro da Água Azul, no Chibarro, em Araraquara. Chibarro, no início do século, era uma enorme sesmaria, e em 1878, quando foi aplicada a multa, já havia se desmembrado:

> Aos vinte e nove dias do mês de maio de mil oitocentos e setenta e oito nesta Villa de Araraquara na secretaria da Câmara Municipal, ali presente o fiscal João da Silva Brito e o inspetor de caminho do bairro da Água Azul no Chibarro, José Sabino de Sampaio e por este me foi dito que tendo faltado sem causa justificada ao Sr. Francisco Pinto Ferraz, um dia de eito, trabalhadores: Antônio Moreira um dia; e Luiz Vaz, um dia, aos pares entende se deve fazer effectivar a multa conforme nossas posturas. E pelo fiscal me foi dito que ficarão multados na quantia de 10$000 por cada dia um dos trabalhadores do Sr. Francisco Pinto Ferraz, e também por cada um dia os Srs. Antônio Moreira e Luiz Vaz de conformidade com o artigo 39, parágrafo 2 e 3 das posturas municipais em Vigor. Do que para constar lavrarei este termo que vai assignado pelo fiscal, inspetor de caminho, e testemunhas apresentadas pelo inspetor.[18]

A Câmara Municipal de Araraquara registrou que os locais mais multados eram o Bairro da Água Azul, no Chibarro, do senhor Francisco Pinto Ferraz, e o Bairro do Monjolo.[19] No termo de multa para a feitura do caminho do Sacramento, em 1877, foram multados 54 trabalhadores. Alguns nomes indicam a origem do trabalhador: Antônio "Hespanhol", Francisco carioca, a viúva do Izaias, Francisco filho do Jacinto, Floriano agregado, Luis Crioulo, Feliciano de Tal. No termo de multa do caminho de Matão constam 32 trabalhadores multados.[20]

---

18 Arquivo Histórico da Casa de Cultura de Araraquara (manuscrito), Termos de multas, 1877 a 1891.
19 Arquivo Histórico da Casa de Cultura de Araraquara (manuscrito), Atas da Câmara Municipal, 1867 a 1871 e de 1871 a 1879.
20 Arquivo Histórico da Casa de Cultura de Araraquara (manuscrito), Termos de multas, 1877 a 1891.

O inspetor da turma do Monjolo, Joaquim Pinto Ferraz, multou no dia 4.6.1881, em 20$000, José Roiz Freire por não ter completado dois serviços e haver faltado um dia ao trabalho. Multou José Serafim, colono de João Borba, em 10$000 por ter faltado um dia. Guilherme Allemão, colono de Manoel M. da Silva, foi multado em 30$000 por ter faltado três dias. Augusto Allemão, também colono de Manoel M. da Silva, foi multado em 25$000 por ter faltado dois dias e meio. Francisco da Luz foi multado em 10$000 por um dia e Felicissimo Gomes Pereira em 20$000 por dois dias.[21]

Mulheres também aparecem nos termos de multas. Por exemplo, em 1882, Lucelina Ferraz foi multada em 3$000; Leonarda Trindade em 3$000; Maria Messias igualmente em 3$000, e Rita em 20$000. Os nomes dos multados aparecem muitas vezes seguidos de apelidos. É o caso de José Negrão, multado em 40$000 por quatro dias de falta, e de Angelo Italiano em 30$000 por três dias. As multas pelas faltas no trabalho, ao que parece, constituíam um meio de controle. Através dessas multas observamos que fiscais e inspetores tinham um conhecimento estreito dos trabalhadores, pois se referem com intimidade: "Rita, filha de Antônio Ferreira", "viúva do Izaias", "Francisco, filho do Jacinto", "Floriano o agregado", "Augusto Alemão", "Angelo Italiano, colono de Manoel Silva".

O trabalhador nacional no mundo rural parecia ter uma identidade e reconhecimento dentro da própria comunidade, identidade colocada nas relações de trabalho. Já o trabalhador nacional ligado ao universo urbano não obtinha reconhecimento da comunidade, nem das autoridades, dos governantes ou dos viajantes que se propuseram a analisar nosso país. É o que observou Santos (1998) ao estudar os nacionais pobres da cidade paulistana, no período entre 1890 e 1915. O autor constatou que os nacionais constituíam uma minoria e estavam espalhados pelos bairros pobres, em casas insalubres. Segundo ele, eram uma camada populacional esquecida, abandonada à própria sorte pelos governantes. Santos ressaltou que até os viajantes, em seus relatos, desconsideravam a presença dos nacionais: "Os comentários feitos nos levantamentos estatísticos e nos relatos

---

21 Ibidem.

dos viajantes e memorialistas a respeito da composição populacional da cidade e seu crescimento, são pistas neste sentido [o autor se refere à falta de atenção por parte destes] e possibilitam acompanhar as implicações dessa nuvem que cobria e ainda cobre a presença dos nacionais despossuídos do período" (p.30-40).

Caminhos ou picadas, principalmente no começo do século XIX, eram vitais para quem precisava transitar pelos sertões paulistas, daí a importância de as bocas de sertão servirem de paragem para os mais diversos viajantes que cruzavam esses caminhos trazendo todo tipo de mercadorias, animais e informações. Essa prática resultou em desenvolvimento do interior paulista, que ao longo dos anos foi saindo paulatinamente do isolamento para com as regiões mais antigas. Os caminhos passaram a ligar fazendas com estradas principais, diminuindo sistematicamente a distância e as dificuldades para o deslocamento da produção.

Os caminhos empregavam turmas numerosas. No caminho de Sacramento foram multados 54 trabalhadores, e no de Matão 32 trabalhadores. A abertura desses caminhos significava trabalho remunerado e também uma opção para os colhedores entre as safras de café. O fazendeiro, ao que tudo indica, era obrigado a deslocar de suas fazendas turmas de trabalhadores para a "factura dos caminhos" ou contratar turmas extras para tal serviço caso seus trabalhadores estivessem em plena atividade. Portanto, seja qual for a situação do fazendeiro, a feitura dos caminhos estava intrinsecamente ligada à dinâmica das fazendas, exigindo mão de obra livre e ampliando o mercado de trabalho. O nacional podia exercer mais essa atividade, como trabalhador ou como fiscal de turmas. Na Ata da Câmara Municipal de Araraquara, encontramos o pedido de habilitação para fiscal, em 1867, de João da Silva Brito, que conseguiu o emprego, pois aparece em vários termos de multa como fiscal.[22]

O inspetor de caminho do Bairro Água Azul, no Chibarro, era José Sabino de Sampaio, e o do Monjolo era o Major Joaquim Pinto Ferraz, ambos fazendeiros e importantes cafeicultores da re-

---

22 Arquivo Histórico da Casa de Cultura de Araraquara (manuscrito), Atas da Câmara Municipal, 1867 a 1879.

gião. A prática da abertura dos caminhos nas regiões aponta a hierarquia e a posição social na comunidade rural: os inspetores de caminhos eram os fazendeiros, que continuavam exercendo seu poder além dos limites da fazenda.

Gordinho (1985, p.34) observa o significado político-social que havia por trás dos fiscais ou inspetores de estradas dos municípios. Manoel Joaquim, irmão do Conde de Pinhal em São Carlos, foi prefeito da cidade e também inspetor de estradas. Dedicava-se à tarefa de ocupação do território através da direção e da supervisão da abertura de caminhos que facilitassem a comunicação entre as vilas. Em 1836, quando prefeito de Araraquara, Manoel Joaquim organizou uma expedição para exploração do Rio Paraná. No ano seguinte, informava à Câmara que havia mandado oito homens para abrir atalhos e picadas até o Rio Grande. Encarregou-se, da parte do caminho que lhe cabia, da abertura da picada vinda de Cuiabá. Os caminhos de Cuiabá davam acesso à Sesmaria do Pinhal. Foi o caminho de Cuiabá que ligou as bocas de sertão com as demais regiões, favorecendo o desenvolvimento da região e o crescimento da cultura de alimentos e a economia criatória.

O modo de vida do trabalhador nacional nem sempre foi aceito por parte dos fazendeiros que exigiam uma mão de obra mais disciplinada, acostumada ao trabalho sistemático. Porém essa resistência por parte dos fazendeiros em empregar a mão de obra nacional não foi unânime. O trabalhador nacional estava em diversas frentes de trabalho, impunha seu próprio ritmo, muitas vezes incompatíveis com as exigências de alguns fazendeiros acostumados ao sobretrabalho, à brutalidade da servidão. Outros fazendeiros se adaptavam ao ritmo de trabalho dos nacionais. Novamente usaremos o exemplo do caso do empregado do Dr. Antônio Joaquim de Carvalho, fazendeiro em Araraquara, pois é bastante ilustrativo. Felipe Arruda trabalhou em 4 de fevereiro apenas meio dia; voltou no dia 7; depois de doze dias retornou ao trabalho e apenas por meio dia. No final de agosto de 1884, que coincide com o final da colheita, estava registrado que o empregado "falhou" sessenta dias ao trabalho, de fevereiro a agosto, dando uma média de dez faltas por mês. Esse não era o único caso: José Pinto Fernandes chegou a "falhar" 120 dias.[23] Nem por isso esses trabalhadores foram mandados embora. Aliás, no ano seguinte, o fazendeiro os contratou novamente para os serviços da fazenda, o que significa que esse proprietário se ajustava ao ritmo próprio do trabalhador nacional. Alguns meses antes da abolição esse mesmo fazendeiro passou a contratar os libertos da região que outros fazendeiros começaram a dispensar prevendo o fim iminente da escravidão. Contratou os libertos Sammuel, com um salário mensal de 28$000; Cosme, por 30$000 mensais; entre outros. Ao todo, o fazendeiro contratou dezenove libertos.[24]

A organização das relações de trabalho no Oeste Paulista foi marcada por uma constante dinâmica e variações. A transformação das relações de trabalho não se deu de forma única, mas de forma diversa e complexa. Diversidade e complexidade que, na região cafeeira paulista, se revelaram nos distintos tipos de trabalhadores utilizados e nos diversos regimes de trabalho que vigoravam nas fazendas. Nossas fontes revelaram a participação do trabalhador nacional exercendo diferentes atividades no período da transição, participando do mercado de trabalho livre. O liberto também encontrou seu espaço no mercado de trabalho – continuou sendo aproveitado nas fazendas. Voltaremos ao tema no Capítulo 4. Antes, porém, ainda sobre a diversidade de transição, vejamos rapidamente o papel das mulheres.

MULHERES NAS LAVOURAS ESCRAVISTAS: UM PONTO POUCO DISCUTIDO

A rotina das mulheres nas bocas de sertão, na verdade, pouco tinha de doce e meiga. A dureza da realidade do cotidiano, naquele fim de mundo, ia muito além do suave desprendimento recomendado nas cartilhas que pretendiam prevenir as noivas contra as dificuldades da vida. No mato a vida conseguia ser ainda mais dura e difícil do que imaginavam os livros. Além de cuidar de seus familiares, dos colonos e de seus filhos, Floriza viu-se muitas vezes *obrigada a realizar*

---

23 Arquivo Histórico da Casa de Cultura de Araraquara (manuscrito), Livro de administração de fazenda, 1883-1888.
24 Ibidem.

tarefas tão brutais que nem mesmo seus empregados se encorajavam a enfrentar. (Maluf, 1995, p.20)

O papel da mulher durante o século XIX começa a ganhar espaço entre os estudos para esse período, mas esses ainda são escassos. A contribuição do trabalho feminino para a economia continua invisível, silenciosa, sempre embutida na figura masculina no discurso dos historiadores. Esse problema abre fendas quando tentamos entender o andamento, o cotidiano das empresas agrícolas. O andamento das lavouras contou com o apoio imprescindível do trabalho feminino em diversas atividades, dentro e fora de casa.

Alguns estudos sobre a mulher durante o século XIX abordaram seu papel nos centros urbanos. É o caso de Bernardes (1988), que analisou os problemas das mulheres e suas lutas para a alfabetização e a profissionalização, como também a condição feminina, fossem jornalistas, educadoras, escritoras ou mães de família. Bernardes abordou também a visão da literatura brasileira sobre a mulher desse período. A análise da autora elegeu como alvo de pesquisa uma classe social mais abastada e essencialmente urbana, trazendo à tona a mentalidade da nossa elite.

Samara (1989, p.10), ao debruçar-se sobre o tema da mulher, o poder e a família no século XIX, observa que as famílias extensas do tipo patriarcal não foram predominantes em São Paulo, sendo mais comuns aquelas com estruturas mais simplificadas em menor número de membros. Essa ruptura na complexidade familiar levou os pais a se separarem dos filhos casados e mesmo dos parentes, não revivendo mais o mesmo ambiente da casa-grande onde todos conviviam no cotidiano.

O estudo de Samara concentra-se principalmente em levantar dados estatísticos sobre a estrutura das famílias, domicílios, o número dos filhos e chefes de famílias na cidade de São Paulo durante o século XIX. O papel da mulher aparece embutido no quadro mais geral da família. A autora discute a questão do casamento e a importância do dote. O concubinato na sociedade aparece como ponto relevante em sua pesquisa. A importância do trabalho das mulheres continua uma questão invisível, embutida no conjunto, numa categoria – a família.

Pouquíssimos trouxeram à tona o trabalho das mulheres nas fronteiras cafeeiras. Mulheres esquecidas... é o que sentimos quando buscamos na historiografia o papel da mulher no processo produtivo agrícola.

Analisando o número de cafeicultores na região de Araraquara, na década de 1890, deparamos com um quadro interessante: predominavam as mulheres "cafeicultoras", contrariando a hegemonia masculina de grandes produtores. D. Mafalda Pinto Ferraz possuía 248 mil pés de café e D. Luciana Machado, 160 mil pés, D. Thereza Michelina Ferraz contava com 100 mil pés e D. Maria de Arruda com 70 mil. O maior cafeicultor empata em número de pés de café com D. Luciana, que ficou em segundo lugar em relação às cafeicultoras, com 160 mil pés. Apenas quatro cafeicultores atingem a marca de 57 mil pés.[25]

Mulheres escravas ou livres exerciam diversas profissões no universo da unidade rural, como lavadeira, cozinheira, copeira, colhedora de café, ama-seca, parteira, enfermeira, entre outras. Às proprietárias de terras, muitas vezes viúvas, coube a responsabilidade de coordenar os inúmeros trabalhos que a empresa agrícola exigia. As atividades das mulheres nas fazendas, sejam aquelas de pequeno, médio ou grande portes, foram o suporte necessário para que essas empresas produzissem a contento. A Condessa de São Carlos, Anna Carolina, levantava-se de madrugada para poder cuidar das feridas dos escravos que iam para o eito. O trabalho da mãe de Floriza Barbosa Ferraz era cuidar e alimentar todos os filhos desmamados das suas escravas. Floriza, muito nova, tinha que cozinhar para inúmeros camaradas da fazenda do pai. Naquele tempo, o almoço era servido às nove da manhã, pois "o controle do tempo estava associado à autoridade do pai, da qual emanavam certos regulamentos por todos obedecidos. Decerto era à mãe que ele transmitia suas ordens superiores para que elas, filhas, empregadas e escravas, se ajustassem à casa que dirigia" (Maluf, 1995, p.25).

---

25 Arquivo da Casa de Cultura de Araraquara (manuscrito), Impostos especiais sobre o café, 1892-1895.

D. Clara Maria Bueno enviuvou em 1793 e tomou conta sozinha da Fazenda Santana. Sua história foi contada de geração para geração. Alfredo Ellis, seu tataraneto, assim relatou:

> teve que exercendo as funções de chefe de família do tipo patriarcal, ser uma "mulher-homem", com a superintendência de toda a organização agroindustrial da fazenda, com a plantação de cana e o fabrico do açúcar ... ela, desde de madrugada, à cavalo corria os canaviais. Depois ia visitar o engenho de açúcar e os diversos moinhos que fabricavam o fubá do qual se alimentava a escravaria composta de 150 negros e cerca de 50 caboclos ameríndios ou mamelucos, estes todos agregados. (1960, p.6-7)

Em 1862, Francisco Corrêa de Arruda, atraído pelas vantagens das bocas de sertão e suas fronteiras abertas, enfrentou o Tietê. Francisco levava consigo sua mulher e filhos "em dois batelões, até encontrar a barra do jacaré e depois subindo este e desembarcando proximo ao salto onde os guardavam carros de bois e animaes arreiados que lhes mandou seu tio Commendador Joaquim Lourenço Corrêa. Abriu a Fazenda Salto Grande proximo da cidade onde cultivava café e cana" (França, 1915, p.89).

Essas longas e difíceis viagens de famílias inteiras para o Oeste Paulista perduram até o final do século XIX. É o que nos descreve Maluf:

> Faltavam quatro anos para o século XIX chegar ao fim, quando Floriza Barbosa Ferraz, acompanhada do marido e de dois filhos pequenos, deixou o conforto da cidade de Piracicaba, no interior de São Paulo, para se embrenhar adentro em direção ao inóspito Oeste Paulista, onde começava a se espraiar a "onda verde" da riqueza que transformaria a face da economia brasileira: o café. (Maluf, 1995, p.15)

O trabalho feminino das escravas nas lavouras aparece quase sempre embutido na figura do escravo. Há uma generalização do trabalho dos escravos como se fossem uma coisa só, de uma categoria – escrava. Quando lembradas, aparecem no conhecido papel de ama-seca ou cozinheira da casa-grande. As escravas desenvolviam profissões diversas, mesmo que relacionadas ao trabalho caseiro, próprio do universo feminino. Muitas vezes procuravam essas mesmas profissões quando se viam livres do cativeiro. A escrava liberta, Leonarda, engajada numa fazenda araraquarense, mesmo muito doente apresentou-se como lavadeira para sobreviver. A liberta Izabel conseguiu um emprego de copeira. A escrava Artina, numa fazenda são-carlense, colhedora de café, trabalhava horas extras para poder ter seu próprio pecúlio. Outro aspecto revelado por nossas fontes foi o salário das libertas. A lavadeira Leonarda foi contratada por apenas 8$000 réis por mês, enquanto a copeira Isabel ganhava 15$000 por semana. Josefa Liberta era costureira. Recebeu uma máquina de costura pela qual pagou 26$000. Havia diferenças salariais significativas entre as profissões das libertas.[26]

Mulheres livres ou escravas em seus trabalhos árduos, cansativos e repetitivos eram indispensáveis nas fazendas, pois o mundo da casa e da unidade agrícola interagiam, um dependia do outro. Bassanezi (1973, p.21-4), ao estudar a Fazenda Santa Gertrudes, uma grande unidade cafeeira em Rio Claro, em 1890, aponta algumas atividades remuneradas exercidas por mulheres na fazenda, atividades ligadas ao universo singular das mulheres: cozinheira da casa: encarregada de fazer a comida na casa de moradia; cozinheira de restaurante: encarregada de cozinhar para os empregados sem família que se reuniam num refeitório indevidamente chamado de restaurante; criada; doceira; lavadeira. Alguns autores ressaltam que profissões como a de criadas, fossem elas copeiras ou lavadeiras, faziam parte do universo urbano nesse período.

> Nas ultimas décadas da escravidão, alfaiates, carpinteiros, lavadeiras, quitandeiras, costureiras travavam complexas relações pessoais nas vilas do interior, envolvendo alguns escravos, mais principalmente libertos e livres, com larga predominância de forros e de seus descendentes. Estabeleciam, assim, verdadeiras comunidades... (Mattos, 1998, p.47)

No entanto, muitas dessas profissões exercidas não eram exclusivamente urbanas, se estendiam do rural ao urbano ou vice-versa.

---

26 Arquivo Histórico da Casa de Cultura de Araraquara (manuscrito), Livro de administração de fazenda, 1883-1888; Arquivo de História Contemporânea, Ufscar (manuscrito), Livro conta-corrente Fazenda Quilombo, 1877-1878.

Para concluir, gostaria de acrescentar que a questão da mão de obra na transição ao trabalho livre torna-se um tema interessante quando examinamos as regiões de fronteiras, ou "bocas de sertão", como Araraquara e São Carlos no Oeste Paulista, que surgem para o mercado agroexportador colocando nova pauta para a historiografia. Nessas áreas, o antigo e o novo se reiteram, ou seja, mantêm a antiga economia voltada para o mercado interno e ao mesmo tempo abrem espaço para o mercado externo com o mais recente produto de exportação, o café. Mantêm o sistema escravista mas ao mesmo tempo abrem espaço para antigas relações de poder, optando pelo trabalhador nacional e ampliando possibilidades no mercado de trabalho e no espaço econômico. Sendo assim, redescrevem o processo de transição da escravidão ao trabalho livre pois diferenciam-se de antigos polos cafeeiros que não se ajustaram à nova realidade das relações de trabalho. Araraquara e São Carlos compartilham um processo de transição ao trabalho livre parecido com outras regiões do país que também apresentam características econômicas embasadas na pecuária e na produção de alimentos.

A análise do cotidiano das mais diversas e diferentes tarefas que compunham o complexo mundo do interior das fazendas cafeeiras pode revelar as formas de organização do trabalho livre ou escravo. Do mesmo modo a dinâmica das fazendas pode indicar o termômetro do mercado de trabalho livre, ou seja, as necessidades da mão de obra livre para as lavouras. Pode, ao mesmo tempo, dar novos contornos às relações sociais do trabalho, seus possíveis arranjos. No próximo capítulo vamos analisar duas fazendas, uma de Araraquara e outra de São Carlos. Essas fazendas trazem aspectos interessantes para o debate mais geral sobre a transição da escravidão ao trabalho livre.

4 FAZENDAS DE CAFÉ: ENTRE A ESCRAVIDÃO E O TRABALHO LIVRE

> A fazenda articulou, com extrema complexidade, trabalho individual e familiar, pagamentos de salários monetários e cessão de terras aos trabalhadores, trabalho gratuito e trabalho ocasional, monopólio da terra pelos fazendeiros. Não escapava dessa rede a produção e a reprodução da sobrevivência: os trabalhos do âmbito doméstico, a sagrada farmácia improvisada, a costura, a serraria, as oficinas. Separadas das fontes de recursos materiais e civilizatórios as fazendas do sertão paulista precisavam funcionar de modo praticamente autárquico quase que auto suficiente. Para isso foi preciso elaborar concretamente um modo interior de organização de todas as atividades e funções – da empresa doméstica e da lavoura – que tornasse possível a transformação da simples propriedade territorial em fazenda. (Maluf, 1985, p.142)

As fazendas, onde aconteciam os embates de ordem doméstica ou empresarial, oferecem os meios para a reconstrução de um período histórico essencialmente agrário. Analisando essas fazendas da região araraquarense e são-carlense, ainda desconhecidas pela historiografia, e com a ideia de que é no cotidiano, na produção conseguida pelo pulsar do trabalho árduo das pessoas na lavoura, nos diferentes arranjos de remuneração, nas necessidades de consumo básicas para sobrevivência, nos inúmeros afazeres da empresa agrícola, que não consiste apenas em plantar, carpir e colher café, podemos entender como foi o processo de organização do trabalho no período da transição da escravidão ao trabalho livre. Este capítulo focaliza especialmente os anos entre 1877 e 1888. Nessa época já havia sido decretada a Lei do Ventre Livre (1871), delineando os moldes da transição gradual e segura da escravidão ao trabalho livre, assim como as principais premissas para disciplinar, controlar e organizar o mercado de trabalho livre. Em 1884 o governo passou a subsidiar a imigração europeia ampliando significativamente a oferta de mão de obra na província. Em 1885, foi decretada a Lei dos Sexagenários e, por fim, em 1888, o término da instituição escravista. Um período indiscutivelmente de profundas reformas e mudanças nas relações sociais. É nesse contexto histórico e sob a luz dessas transformações que vamos examinar as relações de trabalho em duas fazendas da região, uma de Araraquara e outra de São Carlos, momento este em que os fazendeiros dessas longínquas regiões também buscavam se adaptar ao processo de transição da escravidão ao trabalho livre.

A análise contou com a utilização de livros manuscritos referentes à administração de duas fazendas encontradas nos arquivos da região. No Arquivo de História Contemporânea da UfsCar, em São Carlos, encontram-se os seguintes manuscritos: "Livro conta-corrente", para os anos de 1877 e 1878 e o "Livro inventário", datado de 1877. Esses manuscritos pertenceram à Fazenda Quilombo, de propriedade do Dr. Antônio Moreira de Barros. No Acervo Histórico da Casa de Cultura Luiz Antônio Martinez Corrêa, de Araraquara, encontra-se o manuscrito "Livro de administração de fazenda", datado de 1883 a 1888. Essa fazenda, ao que tudo indica, pertenceu ao Dr. Antônio Joaquim de Carvalho. Os documentos encontram-se em bom estado de conservação e através deles foi possível delinear um pouco da história do café, da mão de obra, da organização do trabalho e da produção nas chamadas bocas de sertão.

Trabalhadores nacionais e escravos eram os elementos que compunham o quadro da mão de obra na região em estudo até 1886, década que marca as primeiras estatísticas sobre a chegada dos imigrantes. Mesmo assim esses elementos continuaram a fazer parte do quadro da mão de obra juntamente com os imigrantes. A expansão cafeeira no Oeste Paulista provocou um grande deslocamento espontâneo da mão de obra nacional para essas emergentes lavouras. A migração da população brasileira paras as regiões cafeeiras tem sido observada por alguns autores. Segundo Dean (1977, p.119),

> a migração interna de trabalhadores livres de outras províncias constituía um fator tão constante do crescimento das fazendas que é surpreendente que tenha recebido tão pouco atenção. É possível que os trabalhadores brasileiros tivessem resolvido a crise da mão de obra sem a necessidade de recorrer-se aos europeus, se algum esforço tivesse sido feito no sentido de recrutá-los. Essa solução foi efetivamente proposta pelo presidente da Província José Joaquim Fernandes Torres, logo após o fracasso de Ibicaba. Por volta de 1870 deveria haver uma diferença regional de salários capaz de atrair gente de outras partes do Brasil para trabalhos temporários nas fazendas, de preferência à posse irregular de terras à agricultura de subsistência em pequenas propriedades, ou à parceira em suas localidades de origem.

Graham e Holanda Filho (1984) igualmente ressaltam: "É curioso que praticamente todos os historiadores de hoje ignorem o problema da migração interna no final do século XIX no Brasil e limitem-se, exclusivamente, a repetir a história, bem conhecida, referente à contribuição da imigração no processo de desenvolvimento da cultura do café" (p.23).

Entre o período de 1872 e 1890, observam os autores que a migração interna, principalmente de nordestinos para São Paulo, foi substancial. Em São Paulo, nesse período, a migração total foi de 119.959, a migração interna líquida de nativos foi de 72.649, e a migração interna e internacional líquida dos estrangeiros foi de 46.767. Portanto, o número de migrantes ultrapassou o número de imigrantes (cf. ibidem, p.28-9).

Como já dissemos nos capítulos anteriores, a economia desenvolvida na região era voltada exclusivamente para o mercado interno, baseada na pecuária, na produção de gêneros alimentícios e na de aguardente. Mesmo com a introdução da cultura cafeeira os lavradores não abandonaram esses setores ligados ao mercado interno. Esse tipo de economia e a estrutura fundiária assentada em pequenas e médias propriedades utilizavam largamente o trabalho dos nacionais e necessitavam de plantéis menores de escravos.

Possivelmente, a implantação das lavouras cafeeiras nessas novas fronteiras também atraiu migrantes de outras regiões, como observaram Dean (1977) e Graham & Holanda Filho (1984). Pois, apesar da proximidade com regiões onde se experimentava a parceria e o trabalho do imigrante europeu, parece que os fazendeiros de Araraquara e São Carlos buscaram sustentar a expansão cafeeira com trabalhadores e sistema de organização diversos.

A análise desse material empírico, os livros de administração de fazendas, pode contribuir com questões sobre a configuração do mercado de trabalho livre e a diversidade da transição da escravidão ao trabalho livre.

QUILOMBO: UMA FAZENDA EM SÃO CARLOS

Começaremos pela fazenda chamada Quilombo, localizada em São Carlos. Esse nome refere-se a uma antiga sesmaria localizada nas margens do Rio Mogi onde quilombolas fugidos da escravidão tinham anteriormente se estabelecido. Por algum tempo o local foi chamado de Ribeirão dos Negros. Mais tarde tornou-se sesmaria e recebeu o nome de Sesmaria do Quilombo. Em 1812, o padre Gurgel tornou-se seu proprietário por doação do governador. O desmembramento da antiga sesmaria resultou em tantas outras fazendas, como a Fazenda Quilombo, que pertenceu ao conselheiro Dr. Antônio Moreira de Barros, um fazendeiro de prestígio político e econômico na região são-carlense.

Um dos manuscritos analisados, além do livro de conta-corrente datado entre 1877 e 1878, foi o livro inventário da fazenda, datado de 1º de julho de 1877. Trata-se de uma longa lista relacionando todos os bens da fazenda e suas benfeitorias. Assim conseguimos saber que a fazenda possuía 500 alqueires de terras cultiváveis, avaliadas em 200$000 (duzentos réis) por alqueire, dando um total de 100:000$000 (cem contos de réis). Os milhares de pés de cafés eram identificados por áreas determinadas e acompanhavam informações sobre a quantidade de árvores plantadas e o valor desses pés de café de acordo com a idade. Por exemplo: "Cafezal das Moças, com 10.000 cafeeiros a $300 – 3:000$000". Ou, "Cafezal da Graminha, com 20.000 cafeeiros a $200 – 4:000$000".

Cafeeiros novos valiam menos que os mais antigos, já que o pé de café só começa a dar frutos após quatro anos. A fazenda possuía um total de 247 mil pés de café produtivos, avaliados em 53:700$000 (cinquenta e três contos e setecentos mil réis). Pela quantidade de pés cultivados, podemos considerar que se tratava de uma grande fazenda.[1]

Máquinas de beneficiar café, despolpadores de grãos, assim como oficinas de marcenaria, as inúmeras ferramentas para todo tipo de necessidades, estrebarias e as mais diversas benfeitorias eram de grande importância para o andamento dos inúmeros trabalhos que uma grande unidade produtora exigia. Na Quilombo de São Carlos, esses aparatos indispensáveis foram descritos e avaliados da seguinte maneira:

Maquinas de beneficiar	12:000$000
Despolphador, tanques, engenho de canna, roda d'água	4:000$000
Edifício telhado continuação da casa partindo ao sul, servindo de habitação aos empregados, e estabelecimento da forja	4:600$000
Estribarias	600$000
Forja de utensílios	1:000$000
Oficinas do engenho	2:000$000
Senzalas	6:000$000
Muro, terreiros. Pastos, vallas	3:000$000[2]

---

[1] No segundo capítulo deste trabalho, apontamos o sério problema que os estudiosos encontram em qualificar o tamanho das propriedades cafeeiras até começo do século XX. Utilizamos o critério de Milliet, que classifica fazendas de até vinte mil pés de café como pequenas propriedades; acima de cinquenta mil pés seria uma média propriedade; até 250 mil pés uma grande propriedade; acima disso, seria latifúndio. Apud Azzoni (1975, p.374).

[2] Arquivo de História Contemporânea, Ufscar, Livro inventário, Fazenda Quilombo, 1877.

A avaliação desses equipamentos e benfeitorias resultou num total de 33:200$000 (trinta e três contos e duzentos mil réis). As senzalas construídas eram consideradas "benfeitorias", assim como muros, tanques para a lavagem do café, terreiros com piso de tijolos para a secagem do café já lavado, máquinas de beneficiar o café, pastos, cercados, valas. Estas últimas consideradas de grande importância, pois evitavam as temíveis e indesejáveis queimadas. É interessante observar que as senzalas avaliadas em 6:600$000 (seis contos e seiscentos mil réis) perdiam, em valor, apenas para as inovadoras máquinas de beneficiar café avaliadas em 12:000$000 (doze contos de réis). Pode parecer normal as fazendas cafeeiras possuírem benfeitorias como tanques para lavagem do café, terreiros para secagem feitos de tijolos ou máquinas de beneficiamento de grãos. Contudo, nessa época, nem todos os fazendeiros do Oeste Paulista possuíam esses equipamentos. Vejamos o depoimento de Brazilia, cujos pai e marido também eram cafeicultores no final do novecentos: "O café era só descascado depois de secco; diziam beneficiado. Papai era muito conservador e o despolpador era cousa nova n'aquelle tempo" (apud Maluf, 1995, p.264). Floriza, esposa de cafeicultor, também relata as dificuldades pela falta de beneficiamentos na propriedade:

> Não tínhamos moenda nem lavadores. Os cafés eram levados à mão para um coxo de madeira colocado na beira do rego d'água. Daquele coxo eram retirados por meio de peneiras grossas de arame, postos em jacás de taquara e transportados em pequenos carrinhos puxados à mão. Os terreiros eram de terra socada, e quando chovia dias seguidos os cafés emboloravam ficando prejudicados na qualidade. Sob chuvas torrenciais os grãos muitas vezes eram arrastados para dentro do rego d'água, dando grande trabalho para salvá-los. (Ibidem, p.265)

Podemos considerar que a Fazenda Quilombo era moderna e bem equipada. O proprietário investiu em melhorias técnicas como máquinas de beneficiar, despolpador, tanques para lavagem, roda d'água e terreiros de tijolos para a secagem, que garantiriam o produto e melhores preços no mercado.

Um plantel de 121 escravos e escravas compunha a mão de obra cativa da Quilombo. Os escravos foram relacionados por nome e separados por sexo. O valor deles alcançava o montante de 171:200$000 (cento e setenta e um contos e duzentos mil réis). Esses homens e mulheres valiam mais que as terras cultiváveis, avaliadas em 100:000$000 (cem contos de réis), mais que os 247 mil pés de cafés, avaliados em 53:700$000 (cinquenta e três contos e setecentos mil réis), mais que as melhorias, máquinas de beneficiar café, estrebarias, engenho de cana e a moradia dos empregados. Mesmo diante de um documento de 122 anos e da história da escravidão muitas vezes repetida, ainda causa estranheza constatar o ser humano sendo avaliado como mercadoria vendável. Afinal, Felipe, Guilherme, Artina, Ritinha, assim como tantos outros, possuíam uma família, uma história que foi interrompida pelos traficantes e mercadores de homens.

No livro de conta-corrente da Fazenda Quilombo, com data de 1877 a 1878, constavam dezoito trabalhadores livres que completavam a mão de obra dividindo espaço com os escravos. Foram classificados como "colhedores de café". Possivelmente nacionais livres: Benedito Hilário; Joaquim Ignácio; João Rodrigues da Silva; Salvador José Antônio da Silva; Theodoro; Hilário Antunes; Anna Maria; João Guedes; Benedito Alves dos Santos; Cipriano de Faria; André; Laurinda, mulher de Pedrinho Lisboa; Francisco Bento; João Rodrigues; José Guedes dos Santos, mas o feitor Felisbino, o carroceiro Fortunato e o marcador de café Antônio da Silva dos Santos. No período analisado, de 1877 a 1878, só aparecem anotações de colhedores de café.

Na Fazenda Quilombo pagava-se uma quantia de $300 a $500 réis por alqueire de café colhido.[3] Numa terça-feira, 24 de abril de 1877, Benedito Hilário e Joaquim Ignacio, colhedores de café, ganharam $500 réis por alqueire de café colhido:

1877 – Benedito Hilário – Colhedor de café

Abril 24 e 3/4 que colheu a 500	12$375
27 um capado	1$100
27 dinheiro que pediu	1$000

---

3 Segundo Ferreira (1974), alqueire é uma antiga medida para secos e líquidos, correspondente a 13,8 litros.

1877 – Joaquim Ignacio – Colhedor de café

Abril 24 alqueires que colheu a 500	12$000
Abril 14 alqueires que colheu	7$000
Abril 7 alqueires que deu hoje	3$500

1877 – Theodoro – Colhedor de Café

Abril 8 alqueires que colheu a $500	4$000
2 alqueires que colheu hoje	1$000[4]

As anotações do manuscrito revelam alguns aspectos das relações do trabalho livre na fazenda. Cada trabalhador tinha sua folha individual, onde eram registrados a quantidade de grãos colhidos e o valor recebido pelo alqueire colhido. Os trabalhadores possuíam um ritmo próprio nas frentes de colheita, pois na quantidade de grãos colhidos percebe-se que cada um mantinha uma média diferenciada. No exemplo acima, o colhedor de café Joaquim Ignacio colheu mais grãos que Theodoro e recebeu mais por isso. Assim, a produtividade determinava o ganho. Nesse período específico da colheita de grãos, em 1877, o fazendeiro estipulou que pagaria $500 réis por alqueire, pois essa quantia aparece regularmente nas folhas de pagamento. Na Quilombo, a colheita iniciava-se no outono, no mês de abril, e terminava no inverno, em julho. Poucos colhedores continuavam até agosto. Portanto, podemos dizer que era uma mão de obra temporária e sazonal, arregimentada no mercado de trabalho no momento específico da colheita.

A colheita de café da Fazenda Quilombo era feita por colhedores livres, e também por escravos, os quais constituíam o maior número de trabalhadores engajados nessa tarefa. Observamos que a quantidade de grãos colhidos por eles não era anotada, apenas os valores referentes à colheita, diferentemente do caso dos trabalhadores livres, que tinham anotados a quantidade de alqueires de café e o valor recebido.

---

4 Arquivo de História Contemporânea, Ufscar, Livro conta-corrente, 1877-1878.

Julho – Colheita por escravos:

Gonsalo	1$400	Luiza	$600
Caetano	$720	Ritinha	1$400
Maria	1$700	Andre	$600
Desiderio	$300	João Surdo	1$480
Nicolau	$300	Simplício	1$280
Rafael Velho	1$400	Gonsalo	5$000
André	7$500	Ignácio	3$000
Hygino	$500	Simão	1$240[5]

Sucedem-se essas anotações em várias páginas. Ao que tudo indica, a quantia anotada referente à colheita dos escravos era recebida como gratificação por colheitas extras. Esse ponto é importante, duas questões podem explicar o fato de escravos estarem ganhando seu próprio pecúlio. Nesse período a lei de 1871 já havia sido decretada; de acordo com Gebara (1986, p.52),[6] essa lei permitia aos escravos possuir dinheiro ganho sob forma de heranças, presentes ou legados, assim como economias pessoais amealhadas com o consentimento de seu dono, provenientes ou não de seu trabalho ou de economias. Além de permitir aos escravos juntar pecúlio, a lei também permitia que o escravo usasse o pecúlio para comprar a própria liberdade.

Os escravos Gonsalo, Rafael Velho, Ritinha, como os outros apontados, aparecem em todas as listas; parece não haver muita rotatividade de escravos ganhando pecúlio com colheitas extras. Esse fato pode indicar que talvez o fazendeiro estipulasse, entre

---
5 Arquivo de História Contemporânea, Ufscar, Livro conta-corrente, 1877-1878.
6 Sobre as normas da lei de 1871 referentes à possibilidade de o escravo comprar sua alforria com pecúlio, ver Mendonça (1999, cap.III).

seu plantel de 121 escravos, quais poderiam ganhar com colheitas. Por exemplo, a escrava Esperança era colhedora de café, ganhava com colheita extra, possuía folha de débito e crédito e valia 1:400$000, o maior preço alcançado entre as escravas. Esperança faleceu e parece não ter tido tempo de comprar sua liberdade.

A outra questão que pode explicar o fato da gratificação dada pelo senhor aos seus escravos é a produtividade. A gratificação por produção seria um incentivo ao escravo, ao mesmo tempo uma forma de discipliná-lo e torná-lo mais eficiente. Os cafeicultores perceberam que através de incentivos e estímulos os escravos trabalhavam mais. Silva & Reis (1989, p.26-8), ao analisarem as formas de disciplina e controle dos senhores sobre os escravos, dão o exemplo do Barão de Pati, que, preocupado em ensinar ao filho os mecanismos eficientes de administrar uma fazenda cafeeira, aconselhou-o da seguinte maneira:

> Um dos melhores expedientes que em princípio quando meus escravos não sabiam apanhar café, estabeleci; e de que tirei muito bom resultado, foi o dos prêmios, marcava cinco alqueires como tarefas, e dizia-lhes: "todo aquele que exceder, terá por cada Quarta 40 réis de gratificação; com este engodo era facilmente observado, consegui que apanhassem sete alqueires, que depois ficou estabelecido como regra geral".

Controle, disciplina, vigilância, formas de incentivo para maior produtividade ou mesmo a aceitação do Estado em interferir nas relações entre senhor e escravo inaugurado com a lei de 1871 podem ser os motivos que levaram o conselheiro Dr. Barros a remunerar seus escravos na colheita do café.

Uma educadora alemã, que trabalhou em algumas fazendas paulistas de café durante a década de 1880, presenciou a colheita feita por escravos e também observou as gratificações conseguidas:

> Foi muito pitoresco apreciar aquelas figuras negras de blusas claras, colhendo café e enchendo rapidamente as cestas, entre os arbustos escuros mas reluzentes. Os pretos aqui são muito bem tratados e aqueles que colhem mais do que uma determinada quantidade de cestas, recebem uma gratificação. No dia de São João mataram um boi e dois porcos para distribuí-los aos pretos, no dia da festa. Para os escravos é uma espécie de festa da colheita, porque ao mesmo tempo termina a colheita do café. (Binzer, 1956, p. 32-4)

Binzer também nos conta os demais alimentos que eram servidos aos escravos na Festa de São João, que era comemorada logo após a colheita:

> Sobre a mesa, grandes assados já cortados, montes de arroz (naturalmente cor de tijolo, por causa dos tomates) travessas gigantes de feijão preto acompanhadas pelo inseparável complemento, bolo de fubá, o angu, como sobremesa, havia compota de batata doce, milho novo cozido no leite (canjica) seguida pelo melado, goiabada, que é um doce maravilhoso preparado com a fruta da goiabeira e até vinho a "discretion". (Ibidem)

Impressionou-se com o cuidado dos escravos em se arrumarem para a festa:

> E como os pretos se apresentaram cuidadosamente arrumados! No começo vagarosos e acanhados, depois confiantes e finalmente aparecendo segundo suas categorias, colocando-se em primeiro lugar os velhos e adultos. É muito engraçado apreciar como essa gente boa e simplória se tinha enfeitado. Os homens demonstraram predileção pelos paletós ... as mulheres mostraram-se mais graciosas nos seus vestidos multicores. Algumas, orgulhosamente ostentavam as cores do arco-íris: o turbante vermelho, o vestido azul e o cinto verde e nenhum constrangimento lhe causavam. (Ibidem)

Os escravos da Fazenda Quilombo possuíam também folhas de débito e crédito como os trabalhadores livres, os colhedores de café. Vejamos o caso dos escravos Benedito, José Pequeno, Porfírio e outros que conseguiam pecúlios e adiantamentos em dinheiro:[7]

O escravo Benedito	débito	crédito
1877 saldo débito	2$860	
por gratificacion		$860
por gratificacion		1$000
por gratificacion		1$000

---
7 Arquivo de História Contemporânea, Ufscar, Livro conta-corrente, 1877-1878.

O escravo Juca José Pequeno	débito	crédito
1877 saldo débito	1$680	
4 alqueires que colheu a $360		1$440

O escravo Luiz Caetano	débito	crédito
1877 saldo débito	12$110	
despesa a 13 de julho	2$000	
30 carga de milho		60$000
200 litros		16$000
10 1/2 carga milho		21$000
Dinheiro que pediu		4$000

O escravo Luís Caetano conseguiu um pecúlio relativamente substancial, 97$000 (noventa e sete mil réis), primeiramente com o milho e depois com o feijão. Esse tipo de documentação não aparece comumente na historiografia – escravos pertencentes ao universo rural conseguindo reunir pecúlio com trabalhos retirados da produção de alimentos. Silva & Reis (1989) observam que

> um outro mecanismo de controle e manutenção da ordem escravista foi a criação de uma margem de economia própria para o escravo dentro do sistema escravista, a chamada "brecha camponesa". Ao ceder um pedaço de terra em usufruto e a folga semanal para trabalhá-la, o senhor aumentava a quantidade de gêneros disponíveis para alimentar a escravaria numerosa, ao mesmo tempo que fornecia a válvula de escape para as pressões resultantes da escravidão. (p.28)

Scott (1991) observa que nas lavouras em Cuba durante o século XIX o mesmo mecanismo, ou seja, a mesma forma de abrandar os laços servis dando ao escravo a possibilidade de uma economia própria:

São comuns nos livros remanescentes das plantações, registros de compras de animais e produtos agrícolas de escravos. Os gêneros vendidos incluíam milho, mandioca, malanga, boniato, bananas e porcos ... Sem dúvida a experiência real dos escravos de vender mercadorias para a propriedade foi muitas vezes uma imitação grotesca de mercado livre, visto que o poder de barganha dos dois lados era claramente desigual. (p.33)

Alguns estudos observam a maior facilidade e/ou maiores possibilidades de os escravos urbanos, principalmente os escravos ao ganho, armazenarem pecúlios referentes a trabalhos extras. Algranti (1988) analisa os escravos urbanos da capital do Rio de Janeiro e afirma:

Escravos ao ganho eram aqueles que após fazerem alguns serviços na casa de seus senhores iam para as ruas em busca de trabalho. Alugavam seu tempo um, e a outro, e deviam no final de determinado período entregar a seus senhores uma soma previamente estabelecida ... Na prática ele próprio vendia sua força de trabalho e ficava com parte do ganho, algo assemelhado ao salário ... De fato, comparada à escravidão no campo, nas cidades ela adquiria feições próprias ... Os negros, por sua vez, viviam soltos pelas ruas gozando de uma liberdade jamais sonhada por seus semelhantes do campo, além disso, o sistema era rentável. (p.49-50)

Aos escravos da fazenda do Dr. Barros era permitido acumular pecúlios por meio de gratificações sobre colheitas extras de café ou pelo plantio e colheita de milho e feijão. Os manuscritos revelaram que existiam brechas no sistema escravista que permitiam aos escravos formarem uma economia própria, produzindo e negociando seus produtos e comprando mercadorias de suas necessidades. Diferentes práticas singulares no universo da escravidão rural, além do trabalho árduo e da colheita, permitiam um ganho extra, entre elas até os importantes laços sentimentais que chamaram a atenção da educadora alemã:

recebem um pedaço de terra para cultivar, e na casa grande é com prazer que lhes compramos boas verduras; podem também criar galinhas cujos ovos vendem quando vão buscar a correspondência; e mais outras regalias: as horas excedentes do que é permitido em lei, do trabalho domingueiro, são remunerados, os pretos e pretas recebem muitas vezes presentes em dinheiro principalmente quando são ou já foram amas de leite. (Binzer, 1956, p.39-40)

Escravos como Luís Caetano e João Raimundo conseguiam pecúlio não apenas com colheitas extras de café, mas com seu trabalho em lavouras de milho e feijão. Holloway (1984) afirma que até entre os trabalhadores livres a colheita do milho era preferível:

> O trabalho no café simbolizava salário parco, dosado, discutido e às vezes incerto. O milho, por outro lado, simbolizava abundância e bem estar. Significava polenta, comida para as galinhas, abundância de ovos, porcos gordos, carne suína salgada e toucinho defumado ... O milho era liberdade de ação e autonomia econômica. (p.136)

Uma das folhas de escravos mais preenchidas com trabalhos extras com colheitas de café, milho e feijão foi a do escravo João Raimundo, que conseguiu um crédito de 113$900 (cento e treze mil e novecentos réis). João Raimundo devia 48$460 (quarenta e oito mil e quatrocentos e sessenta réis) e possuía um saldo positivo de 65$540 (sessenta e cinco mil e quinhentos e quarenta réis).

O caso do escravo Manoel Cosinheiro é parecido. Ele também colhia e vendia milho e feijão. Em julho de 1878 possuía um saldo positivo de 5$320 (cinco mil e trezentos e vinte réis). O escravo Gonsalo, em junho de 1878, possuía um saldo positivo de 14$320 (quatorze mil e trezentos e vinte réis). O escravo Guilherme, em 1878, colheu 600 litros de feijão e ganhou 48$000 (quarenta e oito mil réis). A escrava Luiza tinha um saldo positivo de 1$340 (um mil e trezentos e quarenta réis) colhendo litros de feijão.

Aparecem anotações referentes às contas do armazém. O armazém na Quilombo, como em outras fazendas, significava lucros para o proprietário como também evitava a mobilidade do trabalhador para fora da unidade produtiva em busca de artigos de primeira necessidade. Alguns colhedores livres compravam alimentos do armazém da Fazenda Quilombo, como toucinho, sal, açúcar, fumo, fazendas (tecidos) e café. Esteira, rapadura, tigelas, talheres, machado eram alguns dos produtos que o armazém também vendia:[8]

---

[8] Arquivo de História Contemporânea, Ufscar, Livro conta-corrente, 1877-1878.

João Rodrigues da Silva

1877, junho 1 machado novo	4$440
20 L. de arroz	2$100
1 esteira	1$000
2 rapadura	2$000
3 kilos de toucinho	2$400
3 tigelas	$960
5 l de sal	$500
Agosto 1 kilo de toucinho	$800
Fazenda que comprou	1$500
1 kilo de carne seca	$800

1877 – Salvador José Antônio da Silva

Julho 2 kilos de café	$800
1 kilo de assúcar	$600
3 kilos de toucinho	2$400
1 kilo de assucar	$600
1 kilo de fumo	$500
3 tigelas	$720
4 colheres	$320

Os escravos Tiburcio, Romão e Luis Caetano desfrutavam de alguns privilégios, pois possuíam contas no armazém da fazenda.

Esse fato é bastante interessante e nos instigou a pensar nas relações sociais, nos laços da servidão nessas regiões longínquas dos centros mais dinâmicos. Fazer compras no armazém significa a liberdade de escolher o que possuir, de economia própria, liberdade essa conferida aos homens livres. As normas do cativeiro da Quilombo, ao que tudo indica, não se enquadram quando a questão diz respeito à rigidez da escravidão já comentadas por muitos autores. Contudo, o armazém da fazenda significava também dependência, exploração do fazendeiro e coerção, mecanismos esses presentes em quase todas as fazendas.

Observe a seguir as mercadorias compradas pelos escravos da Quilombo e pagas com trabalho extras.[9]

Quilombo 6 de junho de 1881

Tiburcio

20 jacas de milho	8$000
2 ... de miudo suino	1$400
1 touzinho	$600
4 pão	$320
1/2 assucar	$200
1/2 assucar	$200
1/4 banha	$300
1 touzinho	$600
4 ovos	$080
1/2 metros de alg.	$140

---

9 Arquivo de História Contemporânea, Ufscar, Livro conta-corrente, 1877-1878.

4 m. de chita	$640
1/2 de assucar	$200
1/2 assucar	$200
1/2 touzinho	$300
6 pão	$480
sabão	$100
banha	$240

Quilombo 26 de junho de 81

Luis Caetano

10 jacas de milho	3$5000
1 ... de porco	1$000
1/2 banha	$600
1/2 assucar	$600
1/2 banha	$600
1 assucar	$400
1/2 assucar	$240
1 touzinho	$600
1 touzinho	$600
cobro	$400

Quilombo 26 de junho de 81

Romão

5 jacas de milho	5$000	
1/2 assucar	$600	
1 touzinho	$600	
1 touzinho	$600	
1 1/2 assucar	$600	
1/2 touzinho	$300	
1/2 assucar	$200	
2 mt chita	$400	
1/2 assucar	$200	
2 pão	$160	
1 colher	$080	
1 fusil	$080	
1/2 assucar	$200	
1... de lenha	$120	
1 pá de fuba	$040	
1/2 assucar	$240	
1 toucinho	$600	5$020
cobro	$020	

Quilombo 22 de maio de 81

João Lindo

2 milho	2$500	
1/2 assucar	$200	
3/4 assucar	$300	
400 gr assucar	$160	
1/2 toucinho	$300	
1/2 assucar	$200	
1/2 assucar	$200	
1/2 banha	$600	
m chita	$600	2$500

Analisando as contas, deduz-se que, provavelmente, João Lindo também era escravo, como Tiburcio, Luis Caetano e Romão, pois entregou uma quantidade de milho colhido no armazém e conseguiu, como os demais, crédito através do seu trabalho extra. Esses escravos consumiam víveres alimentícios como pão, ovos, toucinho, açúcar, fubá. Compravam tecidos para roupas. Havia a preocupação também com a higiene ou a lavagem das roupas, pois o escravo Tiburcio gastou $100 (cem réis) na compra de sabão. Mattos (1998) relata que as relações costumeiras no cativeiro existiam em diversos níveis, inclusive cobravam um do outro serviços prestados, como a lavagem de roupas: "Florêncio, recém chegado à Fazenda de Esteves, em Paraíba do sul, em 1866, morava na senzala de Generosa ... pagava regularmente para que esta lavasse sua roupa" (p.67). No nosso caso, não sabemos o motivo que levou o escravo Tiburcio a gastar $100 (cem réis) com sabão, provavelmente para lavar suas próprias roupas ou para alguma companheira de cativeiro lavá-las, ou para ela ganhar um pecúlio extra com a lavagem de roupas de outros escravos.

Chamou-nos a atenção o valor gasto com açúcar e toucinho consumidos pelos escravos. De 2$500 (dois mil e quinhentos réis) que tinha de crédito, João Lindo gastou 1$600 (um mil e seiscentos réis) só com açúcar e $300 (trezentos réis) com toucinho. Luis Caetano gastou 1$840 (um mil e oitocentos e quarenta réis) em açúcar e 1$800 (um mil e oitocentos réis) em banha e toucinho e ainda ficou devendo. A banha era a base de cozimento dos alimentos, e o toucinho geralmente era preparado junto com o feijão. Pressupomos que esses escravos mantinham o costume de cozinhar seu próprio alimento, ou para a família. Não é possível saber pelas nossas fontes se esses escravos tinham uma situação diferenciada do meio, se formavam sua própria família e escolhiam onde e como comer, ou se eram diferentes de outros que viviam solteiros em alojamentos coletivos (senzalas).

Mattos (ibidem) observa que os escravos constituíam complexas relações familiares e comunitárias, pois dependentes e despersonalizados por definição, surpreende exatamente o nível de autonomia e estabilidade familiar que conseguiam, extremamente próximo da experiência dos homens livres com os quais conviviam. Segundo a autora, as diferentes práticas costumeiras que se estabeleciam entre eles, as relações cotidianas que perpassavam pelo trabalho, pelo namoro, pelos arranjos conjugais, pela solidariedade da condição resultavam em autonomia e estabilidade familiar dentro do cativeiro. Essas formas eram inventadas por eles, esses arranjos significavam um modo de liberdade que a instituição escravista não conseguia controlar totalmente. Observando de perto as relações, sem o cativeiro como pano de fundo, essas assemelhavam-se ao universo do homem livre.

O número de mulheres escravas na fazenda é significativo. Ao todo eram 52 escravas e algumas delas se ocupavam diretamente com a colheita, como Maria, Luiza, Ritinha, Esperança e Artina. A escrava Esperança possuía anotações de débito e crédito, o que significava trabalho extra e pecúlio. Encerrou seus trabalhos na Fazenda Quilombo em maio de 1878, quando faleceu. O administrador fechou sua conta desta maneira: "Balanço por causa de Morte".

As escravas podiam exercer tarefas diversas como de copeira, cozinheira, criada (que cuidava da limpeza e arrumação da casa), doceira, lavadeira, passadeira, ama-seca, costureira, de tratar e cuidar dos animais domésticos, da horta, ou seja, cuidar dos infindáveis serviços domésticos. Binzer (1956) observou uma quantidade expressiva de escravas na fazenda cafeeira onde ministrava aulas de alemão. O fazendeiro Dr. Rameiro possuía cerca de duzentos cativos, entre homens e mulheres. Estas trabalhavam tanto nos cafezais como dentro de casa. Na casa, eram numerosas. Diz a autora:

> Num salão iluminado por luz de claraboia parecendo um grande corredor, ficam sentados um preto e uma preta, cada qual com sua máquina de costura, matraqueando o dia inteiro. Em volta deles, pelo chão, e no outro quarto sentam-se mais de dez ou doze pretas costurando e tendo cada uma a seu lado um balaio onde se encontra deitada uma criança ... O pessoal da cozinha é compostos de três criaturas. (p.30)

Os escravos da Fazenda Quilombo possuíam somente o primeiro nome, por exemplo: Rafael, André, Simão, Ignácio, Paulina, Ignez, Maria Rosa, para citar alguns. Outros possuíam apelidos no lugar do sobrenome; é o caso dos escravos José Pequeno, Francisco Carioca, Chico Moleque, Manoel Cabra. Nem sempre fora assim. Alfredo Ellis Júnior (1960, p.10-1), filho de um tradicional cafeicultor também de São Carlos, conta que os escravos de D. Clara, sua trisavó, não possuíam nem nomes, eram denominados como bichos; por exemplo, o escravo Mico, o Morcego, a escrava Coruja, o escravo Leitão Assado (este recebeu esse nome por ser muito lento e gordo).

Em relação ao preço dos escravos constam algumas variações. Como era previsível, os escravos tinham um preço bem superior ao das escravas. Antes de indicarmos os preços avaliados dos escravos da Fazenda Quilombo seria interessante analisar os dados de Peter Eisenberg (1977, p.175), que nos dá uma amostra dos preços médios em mil réis em Pernambuco, para homens e mulheres de 20 a 25 anos de idade no período entre 1852 e 1887. Em 1857 um escravo era vendido por 1:200$000 (um conto e duzentos mil réis); contudo seu preço real era de $563 (quinhentos e sessenta e três réis). Em 1870 vendia-se por 1:450$000 (um conto e quatrocentos e cinquenta réis) e seu preço real era de $848 (oitocentos e quarenta e oito réis). Percebe-se um aumento expressivo do preço desses cativos no período. Em 1877, o preço caíra bastante: o escravo era vendido por $644 (seiscentos e quarenta e quatro réis) e seu preço real era de $280 (duzentos e oitenta réis). Stein (1961) observou o aumento e a queda de preços para o mesmo período em Vassouras, no Vale do Paraíba: "O preço dos escravos descambou em queda meteórica e contínua – desde o cume de Rs1:925$000, atingido em 1877, até Rs 850$000 em 1887" (p.273).

Em 1877, os escravos da Fazenda Quilombo constantes na lista dos bens valiam um total de 171:200$000 réis. Constituíam os bens de maior valor da fazenda. Individualmente, alcançavam preços que variavam de 2:400$000 a 1:200$000 réis, valor muito diferente dos preços médios (entre 644$000 e 280$000 réis) alcançados em Pernambuco e no Vale do Paraíba no mesmo período. O preço das escravas variava de 1:400$000 a 50$000 réis. Citaremos os principais valores alcançados pelos escravos da fazenda: dezessete escravas valiam cada uma 1:400$000, quatro escravas valiam cada uma 1:200$000, três valiam cada uma 1:000$000. O menor preço era o de duas escravas, que valiam 50$000 réis. O preço dos escravos variava de 2:500$000 a 100$000. Apenas um escravo valia a quantia de 2:500$000, quatro valiam a quantia de 2:300$000 cada, treze escravos valiam cada um 2:000$000, oito valiam 1:800$000 cada, e quatro valiam 1:400$000. O valor mínimo dos 69 escravos da fazenda foi de 100$000. Eram eles: Mariano, Alexandrino, Ventura e José Ouvires. O valor mínimo das escravas era de 50$000. Maria Rita, Liberata e Gabrielinha valiam apenas essa quantia.[10]

Os homens escravos valiam bem mais: Joãozinho, 2:500$000 e Luiz Marcineiro, 2:400$000. Esses escravos alcançaram maior valor em relação aos demais. Entre as mulheres, o valor máximo que alcançaram foi 1:400$000. Algumas colhedoras, como a escrava Artina, alçavam o valor de 1:200$000. Esses cativos alcançavam um preço muito mais elevado em relação àqueles comprados diretamente de Pernambuco, que alcançavam $677 réis em

---

10 Arquivo de História Contemporânea, Usfcar (manuscrito), Livro inventário, 1877.

1877. O Dr. Barros possuía um plantel significativo de braços escravos num período em que a escassez de cativos era realidade, tanto que se formou um mercado interno para suprir a demanda, com isso elevou-se demasiadamente o preço desses cativos no Oeste Paulista muito mais que na "nova costa africana", como podemos observar nos dados fornecidos pelo manuscrito.

No período referente à nossa análise das relações e organização de trabalho na Fazenda Quilombo, 1877 a 1878, os fazendeiros paulistas já haviam passado por experiências com o trabalho livre de imigrantes como alternativa ao braço escravo. Os problemas resultantes da adoção do sistema de parceria levaram-nos a buscar sistemas alternativos. Na década de 1870, muitos fazendeiros já tinham experimentado outros arranjos, como o sistema de locação de serviços; este, por sua vez, também estava passando por transformações que acabaram resultando no sistema de colonato, que tinha se mostrado adequado às exigências da lavoura, e se difundia pelas fazendas de café em São Paulo.

O fazendeiro Antônio Moreira de Barros, provavelmente como muitos dos grandes cafeicultores paulistas de então, e quando ainda não havia sido implementada a política de imigração subsidiada, privilegiou dois tipos de trabalhadores, escravos e nacionais livres, com os quais contava para o andamento da sua unidade produtora. Abriu espaço para que seus escravos conseguissem ganhar pecúlio através de gratificações com colheitas extras de café, ou através da colheita de milho e feijão. Documentação que comprove esses fatos não encontramos com frequência na historiografia. O universo rural escravista, até nesses longínquos sertões, abriu pequenas fendas, afrouxou os laços servis para o trabalhador cativo adquirir seu próprio pecúlio. Além de escravos, o Dr. Barros também contava com trabalhadores livres para a colheita do café. Esses trabalhadores eram contratados para as safras, sendo pagos por alqueires de café colhidos. Modo de pagamento parecido com aquele oferecido ao imigrante que recebia por litro ou por alqueire de café colhido. A análise dos livros de fazenda tem contribuído para entendermos as relações que iam se constituindo ao longo do processo da transição da escravidão ao trabalho livre.

São esses arranjos na organização da mão de obra que levantam questionamentos sobre os problemas de análise e entendimento que causam as generalizações a respeito desse período. Os modelos explicativos da historiografia tradicional nos passam a ideia de que a economia e a expansão cafeeira, entre 1850 e 1888, no Oeste Paulista, foi sustentada basicamente pelo braço escravo e que, com o definhamento do tráfico transoceânico de cativos, a economia cafeeira passou a se apoiar também no braço imigrante europeu. Nossas fontes revelaram que havia fazendeiros que optavam por outras alternativas, como a combinação de trabalhadores nacionais e libertos, ou escravos e trabalhadores nacionais. Em Araraquara, o fazendeiro Antônio Joaquim de Carvalho também nos oferece um quadro peculiar de organização de mão de obra nesse período de transição da escravidão ao trabalho livre.

UMA FAZENDA CAFEEIRA ARARAQUARENSE

O manuscrito feito a bico de pena em uma brochura de cem páginas fabricado por A. Garraux e C. A., em São Paulo, na Rua Imperatriz, nº 30, denominado "Livro de administração de Fazenda 1883-1888" pertenceu ao Dr. Antônio Joaquim de Carvalho, de Araraquara.[11] Essa brochura encontra-se no Acervo Histórico da Casa da Cultura de Araraquara. Pela análise que fizemos desse "Livro de administração de fazenda", concluímos que era o proprietário, Dr. Carvalho, que cuidava pessoalmente da contabilidade por causa do uso dos pronomes sempre na primeira pessoa; por

---

11 A Casa Garraux, símbolo de requinte, era usualmente visitada pelos mais abastados clientes paulistas e frequentada pela família real. A Princesa Isabel anotou em seu diário sua visita a essa casa: "... fui antes de ir ao Garraux, com a Baronesa e a Condessa de Três Rios, ao Convento da Luz..." (apud Daunt, 1998, p. 243). Por intermédio da Garraux também recebiam em suas casas ou fazendas os jornais mais famosos do estrangeiro. A elite agrária paulista possuía algumas normas de consumo que a identificava como classe social, como exibir quão eram refinados e raros seus hábitos e de sua família ao adquirir produtos de casas comerciais consagradas. Uma dessas casas era a Garraux. Cândido Franco de Lacerda, em 1890, possuía guardadas faturas dessa casa, entre outras (cf. Maluf, 1995, p.189).

exemplo: "Paguei a quantia de depósito ao Dr. Theodoro 214$830.000", ou "saldo ao meu favor 14$500", ou "entrou em meu serviço a 26 de abril de 1884 a 3$000 por dia".[12] Talvez seja esse o motivo por não ter tido a preocupação de anotar sobre qual de suas fazendas se referia.

Apesar de não identificar o nome da fazenda a que se refere, o manuscrito revela que o fazendeiro possuía nove empregados até 1887. A partir de janeiro de 1888 o fazendeiro contratou mais dezenove libertos e libertas. Dois anos mais tarde, em 1890, mandou vir do Nordeste 130 famílias de nacionais para serem engajadas em suas fazendas, a Simão e a Bela Vista (cf. Corrêa, 1967, p.171). Essa combinação de mão de obra nacional e libertos nesse período de transição da escravidão ao trabalho livre no Oeste Paulista é um ponto que chama a atenção. Os estudos apontam que a preferência dos cafeicultores paulistas era por escravos e pela mão de obra europeia. O governo paulista nessa época já estava subvencionando centenas de passagens para imigrantes, principalmente italianos que aportavam todos os dias em Santos. O destino da maioria eram as lavouras cafeeiras paulistas. A Estrada de Ferro Araraquarense havia sido inaugurada em 1885, facilitando a vinda desses imigrantes para a região.[13] A atitude desse fazendeiro em relação à mão de obra, buscando famílias nordestinas e contratando libertos e aparentemente não utilizando escravos para a produção do café, é com certeza instigante.

Dr. Antônio Joaquim de Carvalho era procedente de famílias portuguesas comerciantes. Seu avô era mascate e possuía um sítio em Porto Feliz onde plantava gêneros alimentícios e contava com doze escravos. Seu pai, Joaquim Gabriel de Carvalho, também comerciante, não seguiu a profissão de mascate, abriu sua própria loja de fazendas. Ao casar-se com Maria Ilustrina, de catorze anos, recebeu cinco escravos; três anos mais tarde, em 1822, já possuía um plantel de 24 escravos. Tornou-se alferes de ordenanças e se-

---

12 Arquivo Histórico da Casa de Cultura de Araraquara (manuscrito), Livro de administração de fazenda 1883-1888.
13 Em 1887, por exemplo, foram colhidos 25 carros de milho e a fazenda possuía um total de 79 cabeças de gado. Arquivo Histórico da Casa de Cultura de Araraquara (manuscrito), Livro de administração de fazenda 1883-1888.

nhor de engenho, tendo produzido 1.300 arrobas de açúcar, além de arroz, milho, feijão e tendo ainda algumas cabeças de gado. Em 1843 contava seu engenho com 73 escravos. O pai, produtor bem-sucedido proporcionou os estudos de seu filho Antônio na capital da província, pois formou-se em direito pela Faculdade de São Paulo (cf. Corrêa, 1967, p.147).

A história da família do Dr. Carvalho nos lembra alguns aspectos importantes da vida econômica das "bocas de sertão" mencionados nos capítulos anteriores, como o desenvolvimento de setores econômicos voltados basicamente para o mercado interno. Comerciantes, produtores de alimentos e de açúcar, que de alguma forma entravam em contato com as principais praças mercantis do Rio de Janeiro e São Paulo, com "homens de grossa aventura". Fragoso (1998, p.135-6) afirma que no começo do século XIX havia fluxos do mercado interno entre São Paulo e as regiões do Sudeste, assim como uma estabilidade dos segmentos mercantis ligados a esse mercado e um crescimento na agroexportação como também da população, gerando uma maior demanda por alimentos.

O Dr. Antônio Joaquim de Carvalho casou-se duas vezes. A primeira com a filha do comendador Joaquim Manoel Alves, o formador de uma das maiores fazendas de São Carlos, a Canchim, e depois com Anna Francisca Pinto Ferraz, herdeira de considerável fortuna. Mais uma vez, repetia-se a história das famílias de grandes proprietários que preservavam suas fortunas e terras através do matrimônio, assim como o prestígio e o domínio político. Antônio Joaquim de Carvalho, republicano histórico, tornou-se chefe do Partido Republicano; seu filho, Dario de Carvalho, foi prefeito de Araraquara. O Dr. Carvalho tornou-se mais famoso na história da cidade por ter sido assassinado pelo sergipano Rozendo de Souza Britto, em janeiro de 1897, por motivos políticos. O crime preencheu as principais páginas dos jornais do Estado de São Paulo.[14]

Na fazenda do Dr. Carvalho, além da produção do café, havia plantações de milho e feijão. Eram criadas também 79 cabeças de

---

14 Sobre esse famoso crime que ocorreu em Araraquara, ver Tellarolli (1975).

gado. Pelo montante da produção tratava-se de uma unidade de médio porte, uma fazenda mista, que combinava a produção de gêneros alimentícios e de produtos para exportação, que parece ter sido comum na região. Através das anotações do Dr. Carvalho referentes à produção e às relações de trabalho com seus empregados, nos foi possível delinear a organização do trabalho nessa fazenda do Oeste Paulista. O fazendeiro anotava as dívidas e os pagamentos de vários empregados, como Manoel Antônio, Felipe de Arruda, Salvador Mariano, José Pinto Fernandes, Feliciano, Luis Fabiano, Joaquim Firmino, José Ferreiro e José Mineiro. Ele denominava "Contas" a página onde eram anotados os débitos dos empregados ao adquirir produtos da própria fazenda, pagamentos ou adiantamentos de salário.

Em 1884 o Dr. Carvalho recontratou os serviços do empreiteiro Felipe Arruda, pagando-lhe um salário de 2$000 réis por dia. Analisemos as contas do empreiteiro:[15]

Contas do empreiteiro Felipe de Arruda em 1884. Salário de 2$000 réis por dia. Saldo a meu favor em 1883: 14$500

De aqui até 12 de janeiro	60$000
Meio alqueire de feijão	2$000
Uma leitoa	1$000
Meia arroba de café	2$000
A 12 de março, 1 capado	16$000
A 22 de março – dinheiro	2$000
A 25 de março na Villa	10$000
A sua conta no Pinheiro	50$540

---

15 Arquivo Histórico da Casa de Cultura de Araraquara (manuscrito), Livro de administração de fazenda, 1883-1888.

De aqui até abril	3$000
Meio alqueire de feijão e meia @	3$000
Abril 20 até aqui	10$000
Em junho dia 2 na Villa	20$000
A 6 de junho 1 arroba de café	4$000
A 22 de junho	40$000
A 29 de julho até aqui	10$000
A 30 de agosto na villa	50$000
Máquina de costura no fim	60$000

Não há necessidade de muitos conhecimentos técnicos para perceber os problemas em se identificar, por exemplo, o crédito ou débito na "Conta" do empreiteiro Felipe de Arruda. Nesse momento, cabe ao pesquisador decifrar os códigos invisíveis, tentar reconstruir a trama do antigo tecido das relações entre fazendeiro e empregado. Em janeiro de 1884, Felipe Arruda estava sendo novamente contratado por 2$000 réis ao dia pelo Dr. Carvalho; porém já trazia uma dívida desde 1883. Vejamos a primeira linha: "Saldo a meu favor em 1883: 14$500". Logo em seguida o fazendeiro anota: "De aqui até 12 de janeiro: 60$000". Ora, o leitor fica confuso, não se sabe se é dívida ou pagamento. As únicas pessoas que poderiam responder a essa questão seriam os protagonistas – fazendeiro e empreiteiro. A ambiguidade da anotação que dificulta o trabalho do historiador pode, no entanto, revelar o universo das relações de trabalho. As partes mantinham uma relação de confiança, tanto que o Dr. Carvalho não teve em nenhum momento a preocupação em determinar claramente o que era débito ou crédito do seu empregado, deixando para o leitor leigo apenas um ponto de interrogação e para o pesquisador, talvez ao contrário, o fio da meada para entender as relações de trabalho vigentes.

O CULTIVO DO CAFÉ NAS BOCAS DO SERTÃO PAULISTA 163

Entre janeiro e fevereiro de 1884, foi anotado na "Conta" do empreiteiro meio alqueire de feijão por 2$000 e meia arroba de café por 2$000. Porém ele é pago por dia de trabalho a 2$000, não por colheita de alqueire, ou arroba. Isso indica duas possibilidades em se tratando de uma fazenda cafeeira: ou Felipe comprou feijão para consumo, ou colheu para o Dr. Carvalho, cobrando em parte esse trabalho. Feijão e milho, desde os tempos coloniais, são produtos básicos da dieta alimentar das classes populares do país, portanto um produto alimentar indispensável e que tinha peso no mercado interno. A simples anotação de meio alqueire de feijão na conta de Felipe Arruda nos abre possibilidades de discussão que vão desde a importância da produção de alimentos para o mercado interno, até a relação deste com o mercado externo. Essa discussão implica até nas relações de trabalho, apontando a situação de dependência do trabalhador em relação ao fazendeiro até para comprar mercadorias básicas para sua sobrevivência. Entre março e abril de 1884, o Dr. Carvalho anota: "A sua conta no Pinheiro: 50$540". "Pinheiro" pode significar o nome do armazém da fazenda. Não devemos esquecer que Felipe inicia o ano já devendo para o Dr. Carvalho, ou seja, em situação de dependência financeira.

Em outra página, denominada de "Folha", o fazendeiro araraquarense anotava regularmente os dias trabalhados e as chamadas "falhas" (faltas) do empregado ao serviço. A forma utilizada, ou inventada pelo fazendeiro, de controlar o trabalho cotidiano de seus empregados, assim como seus gastos e pagamentos, nos permitiu ver nas entrelinhas as diferentes relações de trabalho que compunham o estreito universo dessa unidade produtora.

"Folha de Felipe de Arruda – 1884"

Em janeiro falhou a 2 meio dia, a 12, 16 meio dia 17, 18, 19, 21, 24 meio dia, 26, 27 meio dia. Oito falhas e meia.

Fevereiro 4 meio dia, a 7, 19, 20 a meio dia, a 11, 13, 18, 19, 20, 21, 22, 23, 25, 26, 27, 28 meio dia, 29 – falhou 14 dias

Março a 10, 9 meio dia, 11, falhou 2 e meio

Em maio a 5, 6, 7, 8, 9, 10, 12, 19, 20, 21, 23, 24, falhou 12 dias

Em junho a 2, 3, 4, 5, 6, 7, 9, 10, 23, 30, falhou 9 dias.

Em julho a 7, 14, 15, 16, 17, 18, 19, 22, 29, 30, 31 falhou 11 dias

Em agosto a 1, 2, 4, 5, 6, 7, 8, 9, 11, 14, 22, 28 meio dias, 30 meio dia, falhou 12 dias

Retirou-se de meu serviço a 22 de setembro de 1884 devendo-me 28$000. Até o fim de agosto tem 95,5 dias de serviço e falhou 72,5 dias.[16]

Segundo Holloway (1972, p.179), "o trabalho por empreitada não dava ao trabalhador uma renda anual contratualmente fixa, nem lhe assegurava um certo salário por dia. Ao trabalhador eram deixados aqueles riscos que envolviam geada, seca e a delicada natureza do café". Felipe de Arruda era empreiteiro da fazenda do Dr. Carvalho, recebia por dia fixo de trabalho. As relações de trabalho da economia cafeeira não podem ser entendidas de acordo com um único modelo explicativo, não havia padrões rígidos na forma de pagamento, cada fazendeiro contratava e pagava do modo que lhe fosse mais conveniente ou através de entendimento entre as partes interessadas.

Outro empregado, José Pinto Fernandes, foi contratado em 1884 para trabalhar a maior parte do seu tempo por meio dia (meio período):

Em janeiro a 3, 12, 15, 16, 17, 18, 19 – 5,6 a meio dia, a 7 meio dia, a 13, 14, 20, 21, 26, 27, 28 meio dia. Março 1 meio dia, 6, 11, meio dia, 12, 28. Abril a 19 meio dia, 24, 25. Maio a 27, 28. Em junho 20, 21. Em julho 11 um dia 18, 19, 26. Em agosto 1, 2, 14, 22, 23, 30. Em setembro a 16 meio dia, 22 meio dia, 26. Em setembro 18, 21, 22, 23, 24, 28, 29, 30, 31. Em setembro 4, 5, 6, 7, 8, 16 meio dia, 22 meio, 23, 24, 27".

O acerto de contas com José Pinto Fernandes ocorreu em 1885:

---

16 Arquivo Histórico da Casa de Cultura de Araraquara (manuscrito), Livro de administração de fazenda, 1883-1888.

De janeiro de 1884 a 12 de setembro de 1885, tirou em diversos 562$250 importância de seu vale que paguei a Domingos 500$000. Do que deu-me para guardar 314$800, uma arroba de café 3$000, concerto de taipas de Felicio 9$000. De janeiro de 1884 a 12 de setembro de 1885 falhou 102 dias que tem que ser descontado do seu salário de 400$000.[17]

O empregado José Pinto Fernandes foi contratado por um período definido. Em oito meses de trabalho seu salário foi acertado em 400$000 réis. Ele conseguiu 500$000, ou seja, havia a possibilidade de aumento de ganho. Esse empregado gastou mais que recebeu, pois ainda ficou devendo ao fazendeiro 62$250 réis. Inutilizou a flexibilidade da margem de ganho, ficando em desvantagem em relação ao fazendeiro; em outras palavras, dependente.

O Dr. Carvalho anotou que José Pinto Fernandes falhou 102 dias e que deveriam ser descontados de seu salário. Acertaram as partes, José Pinto Fernandes continuaria a trabalhar por meio dia, como sempre fizera. Contudo José, mesmo não trabalhando o dia todo, não comparecia regularmente na fazenda. O interessante é que essas falhas não o prejudicaram, pois continuou até o final do período, agosto, que coincide com o final da colheita da safra de café. Em 1886 ele foi novamente contratado pelo Dr. Carvalho: "De 1 de abril de 1886 do corrente mês em diante ficou Sr. José Pinto Fernandes obrigado a fazer serviços das máquinas e mais alguns que eu precisar".[18]

Resumindo, José foi contratado para ser pago por período e apenas por meio dia, tinha possibilidades de aumentar seus ganhos e ainda possuía a liberdade de faltar quando lhe fosse conveniente. O mesmo acontecia com Felipe Arruda, que chegou a falhar 72,5 dias durante o ano de 1884 e em alguns casos trabalhou apenas meio dia. A mobilidade ou o controle sobre o tempo em que desejava trabalhar fazia parte do cotidiano como empreiteiro. Continuou trabalhando na fazenda nos anos seguintes, 1884 e 1885.

Os gêneros que os trabalhadores consumiam da própria fazenda, tais como toucinho, capados, leitoas, açúcar, sal, até mes-

---

17 Ibidem.
18 Ibidem.

mo café, eram descontados de seus salários. Querosene, fósforo, ferramentas de trabalho, cobertor, produtos farmacêuticos e até tecidos eram produtos que a fazenda fornecia e certamente eram cobrados dos salários.

A unidade produtora por sua própria estrutura exercia dupla função: produzia alimentos básicos da dieta alimentar em prol dos seus empregados e para consumo da própria família, e adquiria produtos manufaturados de regiões muitas vezes longínquas para proporcionar o mínimo necessário. Havia sempre a preocupação em produzir a contento para o mercado e continuar mantendo as atividades da unidade. Maluf (1995) assim definiu a função da fazenda:

> A fazenda de café é a expressão de um arranjo produtivo onde cada uma das partes é constitutiva da outra: produção para consumo e produção para o mercado, organização da empresa mercantil e da empresa doméstica. São princípios diversos em íntima unidade ... introduz-se a interação dos múltiplos papéis desenhados e improvisados a cada dia, traduzidos na tensão histórica do trabalho nas frentes agrícolas que exigia a conjugação plena do núcleo doméstico com a empresa lucrativa. (p.101-2)

Tudo leva a crer que os empregados que possuíam a folha onde eram anotados os produtos básicos de que necessitavam para a sobrevivência deveriam morar na fazenda ou nas proximidades e dependiam diretamente do fazendeiro. José Pinto Fernandes não devia ser morador da fazenda e não necessitava dos produtos dela, tendo a liberdade de comprar onde bem desejasse, pois comprou apenas uma única vez do Dr. Carvalho uma arroba de café a 3$000. Já o Sr. Manoel Antônio, contratado em 1883, não possuía o mesmo perfil de Felipe de Arruda, que tinha "Conta" e "Folha", nem de José Pinto Fernandes, que possuía apenas "Folha". O Dr. Carvalho apenas anotava de Manoel Antônio seus gastos, ou seja, ele possuía apenas a "Conta", suas "falhas" não eram registradas:

> a 6 de março fubá $500, a 7 de março até aqui 50$000, a 8 de março uma carga de sal 3$900, a 12 de março 1 alqueire 2$000, na mesma data um capado 20$000, a 24 de março para seu filho Antônio

10$000, a 31 de março 3$000, na mesma data um mayado 3$500, a 4 de abril até aqui 30$000, de 8 de abril 1 arroba de café 2$500.[19]

As anotações somente dos produtos consumidos pelos empregados indicam que havia entre eles relações muito informais sem combinações prévias. O Dr. Carvalho não anotava sistematicamente as atividades de alguns empregados, não anotava os respectivos salários, nem os dias trabalhados e suas faltas. Anotava apenas os produtos que recebiam da fazenda. É o caso de Pedro Brasílio, de Francisco Peres, e do único que o Dr. Carvalho denominou agregado, José Gonçalves de Oliveira. Por meio das muitas anotações que analisamos do livro de administração de fazenda do Dr. Carvalho, percebemos que as relações de trabalho não se davam de maneira uniforme. Cada caso era um caso.

Felipe de Arruda, José Pinto Fernandes e Manoel Antônio também recebiam tratamentos diferenciados. Relações de trabalho embasadas em níveis bem pessoais, laços estreitos, característica comum nas relações com os trabalhadores livres e ao que tudo indica com os nacionais. Outro caso é o do empregado Pedro Brasílio. Em março de 1884, solicitou um adiantamento de 70$000. Um mês depois pagou ao Dr. Carvalho não em dinheiro, ou com serviços prestados, mas com telhas. Está anotado no livro: "Deu-me Pedro Brasílio do que tirou em março de 1884 para pagar-me em telhas 70$000".[20] Percebe-se mais uma vez o tratamento diferenciado entre os empregados, entre aqueles que pressupunham um nível de relação pessoal, de confiança e de troca. Aparentemente o Dr. Carvalho mostra ser um homem confiável aos olhos de seus empregados, pois estes deixavam suas economias guardadas com ele, demonstrando uma proximidade de compadres. É o caso de José Pinto Fernandes, que deixou a quantia de 314$800: "Do que deu-me para guardar 314$800".

As "Contas" revelam que havia interesse do próprio Dr. Carvalho em proporcionar ao empregado e à sua família algum tipo

---

19 Arquivo Histórico da Casa de Cultura de Araraquara (manuscrito), Livro de administração de fazenda, 1883-1888.
20 Arquivo Histórico da Casa de Cultura de Araraquara (manuscrito), Livro de administração de fazenda, 1883-1888.

de ajuda, por exemplo a máquina de costura vendida ao empregado, e quitada em inúmeras prestações. Nessa época uma máquina de costura era de enorme valia, não custava barato, mas podia contribuir para aumentar a renda da família.

Observamos que o fazendeiro araraquarense frequentemente contratava seus trabalhadores por dia de serviço, a um preço previamente estipulado e fixo. Muitas vezes encaixavam na qualificação dos chamados camaradas que recebiam salário fixo, por dia. Contudo o próprio fazendeiro os denominava "empregados". Os salários variavam pouco. Geralmente pagava-se 1$600 ou 2$000 até 3$000 por dia, ou entre 25$000 e 60$000 réis por mês. Apenas um empregado recebia por período. Vejamos a tabela dos salários a seguir:

Tabela 13 – Amostra dos salários da fazenda do Dr. Carvalho 1883-1887

Ano	Nome	Cargo	Salário
1883	Manoel Antonio	Empregado	50$000 mês
1884	Felipe Arruda	Empreiteiro	2$000 dia
1884	Salvador Mariano	Empregado	3$000 dia
1884	José P. Fernandes	Empregado	40$000 período
1885	Luis Fabiano	Empregado	1$600 dia
1885	Joaquim Firmino	Colono	25$000 mês
1886	Feliciano	Empregado	30$000 mês
1887	José Ferreiro	Ferreiro	60$000 mês
1887	José Mineiro	Empregado	12$000 semanal

Fonte: Arquivo Histórico da Casa de Cultura de Araraquara, Livro de administração de fazenda, 1883-1888.

Em janeiro de 1888, o Dr. Carvalho passou a contratar negros libertos da região: Jacinto Liberto, Benedito Liberto, Frederico Liberto. Isabel Liberta foi contratada a 14 de janeiro de 1888 para serviços de copeira, com salário semanal de 15$000. Ao todo o Dr. Carvalho contratou mais de doze libertos a partir de janeiro de 1888, antes da abolição da escravidão. Os ex-cativos eram engajados na fazenda tendo salários como os demais, chegando até 2$000 por dia. Contudo, os salários dos nacionais eram maiores. Para os libertos o fazendeiro não anotava os dias de trabalho e as falhas. Indicava em uma única folha apenas os gastos, os pagamentos de salários por colheita e o mês corrido. Isso talvez revele outra face das relações com os libertos, que não possuíam a liberdade de escolher os dias ou partes do dia que iriam trabalhar. Não eram senhores do próprio tempo como os trabalhadores nacionais que impunham seu ritmo de trabalho.

É interessante reparar que, no momento em que esses libertos eram engajados na fazenda, os primeiros adiantamentos pedidos ao Dr. Carvalho eram para comprar sapatos. O ponto é significativo, pois como a nudez dos pés era a condição de escravo, os libertos se apressavam em mostrar sua nova condição. Em 28 de janeiro de 1888, o liberto José Preto recebeu a quantia de 3$320 réis para comprar sapatos. A liberta Josefa, em 25 de janeiro de 1888, recebeu uma máquina de costura no valor de 26$000 e recebeu 1$500 para comprar um par de chinelas. A contratação de mulheres escravas libertas na fazenda é intrigante. Vejamos o caso da liberta Leonarda: mesmo doente, o Dr. Carvalho a contratou para lavar roupa a 8$000 por semana. Falhou o mês de abril por doença. A liberta Izabel foi contratada como copeira por 15$000 por semana.

Há registros de abandono definitivo do trabalho e da fazenda: Benedito Liberto recebeu em abril 5$000, em julho 7$500; essa pequena quantia em dinheiro significou que trabalhou pouco e no dia 15 de agosto, apesar de liberto, foi anotado que ele "fugiu", ou seja, abandonou a fazenda sem dar explicações ao fazendeiro, uma vez que havia sido contratado. Frederico Liberto, com sua família, a mulher e o filho Rafael, entrou em janeiro para trabalhar, e um mês depois estava se retirando com sua família das terras do Dr. Carvalho.

Outros, ao contrário, queriam fixar-se no local, constituir família, pois logo que eram engajados na lavoura pediam ao fazendeiro adiantamento em dinheiro para despesas de casamento: o liberto José Preto pediu um adiantamento de 10$000 em 22 de abril de 1888, para despesas de casamento. O liberto Samuel, em julho de 1888, "retirou" 152$280 para despesas de casamento. Deve ter sido um bom casamento, pela quantia cedida a ele. O casamento significava, de acordo com Mattos (1998), o desejo de ser aceito na comunidade dos livres e as núpcias representavam a intenção de construir algo sólido e próspero, afastando o estigma da inconstância, e da incerteza, do andarilho:

> Os laços de família continuavam a permitir a reprodução de uma experiência de liberdade que se construía em oposição à escravidão ... Precisava estabelecer laços de família, era essencial para a obtenção de um lugar, por mais obscuro que fosse, no mundo dos livres. Fixar-se numa região significava estabelecer laços ... significava deixar de ser estrangeiro ou estranho ... os laços de família e o acesso costumeiro à terra ainda abriam perspectivas de diferenciação do escravo... (p.52-8 e 89)

O Dr. Carvalho tinha prestígio na comunidade. O liberto Brasílio era escravo do coronel Pinto, para o qual não quis continuar trabalhando e pediu emprego para o Dr. Carvalho. Mudou-se, em janeiro de 1888, com seus pertences para sua fazenda. É o que consta no "Livro de contas": "Um dia de serviço da carroça para sua mudança 2$500". Outros foram recebidos por ele na sua fazenda: Jacinto, Isabel, Eufrásio, Carmelho, Salustiano, Cosme, Mariano, Timotheo, Luiz, o Benedito da Landa, o Manuel da Luíza. Percebe-se que os libertos, como os escravos, não possuíam sobrenome, condição do cativo, apenas homens livres possuíam sobrenome. Na Fazenda Quilombo do Dr. Moreira de Barros, em São Carlos, os escravos também não possuíam sobrenome. Vejamos a tabela dos libertos engajados meses antes da abolição:

Tabela 14 – Salários dos libertos empregados na fazenda em Araraquara, 1888

Mês/ano 1888	Nomes dos Libertos	Salário
18/janeiro	Jacinto	Não estipulou
7/março	Benedito	Não estipulou
14/janeiro	Frederico	Não estipulou
22/janeiro	José Preto	20$000 mês
14/janeiro	Isabel	15$000 semana
19/janeiro	Brasílio	20$000 mês

continuação

Mês/ano 1888	Nomes dos Libertos	Salário
25/janeiro	Josefa	Não estipulou
22/janeiro	Eufrásio	Não estipulou
23/janeiro	Sammuel	23$000 mês
24/janeiro	Carmelho	30$000 mês
25/janeiro	Bernardo	Não estipulou
Abril	Matheus	20$000 mês
3/fevereiro	Salustiano	20$000 mês
18/fevereiro	Porfírio	33$000 mês
3/março	Cosme	20$000 mês
Março	Mariano	28$840 mês
6/março	Timotheo	Não estipulou
7/março	Luis	Não estipulou
Janeiro	Leonarda	8$000 mês

Fonte: Arquivo Histórico da Casa de Cultura de Araraquara, Livro de administração de fazenda, 1883-1888.

Numa quinta-feira, dia 18 de fevereiro de 1888, Porfírio Liberto era contratado pelo Dr. Carvalho com um salário de 33$000 réis, o maior salário oferecido pelo fazendeiro a um liberto. Os salários dos libertos variavam muito pouco, a média era de 20$000 réis por mês, com exceção do Liberto Porfírio, que possivelmente devia possuir alguma especialização. Ao todo, o fazendeiro contratou dezenove libertos para seus serviços. Esses libertos, mesmo com o estigma da escravidão, conseguiram se inserir no mercado de trabalho livre. Algumas exceções ficaram por conta daqueles libertos que abandonaram a fazenda, justificando a tese de que para alguns ex-escravos o trabalho tornara-se símbolo cristalizado da escravidão, o não trabalho seria o símbolo dos homens livres. Segundo Mattos (1998, p.32-3), "ser livre numa sociedade escravista seria basicamente não trabalhar ou, mais especificamente, viver de rendas. Os homens livres vivem de alguma coisa. Em geral de seus bens e lavouras, mas também de seu jornal, de seu ofício de carpinteiro ou simplesmente de agências".

A organização da mão de obra nessa unidade cafeeira utilizou-se da mão de obra livre nacional e de libertos. Não encontramos a presença de escravos no livro de administração de fazenda. Notamos que em momento algum aparecem despesas ou trabalho com escravos; acreditamos que, se existissem, as despesas apareceriam anotadas, pois o Dr. Carvalho anotava as dívidas feitas por ele, ou empréstimos por ele concedidos. Nada indica a presença de escravos, o que seria muito peculiar não ter escravos pelo menos em 1883. A escolha do Dr. Carvalho em não possuir cativos em sua fazenda talvez seja o reflexo da Lei do Ventre Livre. De acordo com Gebara (1986), essa lei promoveu a organização e a disciplina do mercado de trabalho livre, além de reforçar ainda mais o fim iminente da escravidão. Com isso, fazendeiros mais preocupados preferiram não investir capital numa situação de incerteza, e, assim, começavam a exercer as práticas do mercado de oferta e procura da força de trabalho.

Apesar de poucos nacionais e libertos para o trabalho da fazenda, ao que tudo indica, eles eram suficientes para as tarefas que a unidade exigia. O Dr. Carvalho também anotava a colheita, medida por carros e alqueires de café para os anos de 1886, 1887 e 1888. Em 1886 a colheita alcançou sua maior média: 11.375 alqueires de grãos colhidos. Em setembro de 1887 colheu 4.375 alqueires, bem menos que a metade da safra do ano interior. Em 1888 o Dr. Carvalho resolveu aumentar em 19.797 pés de café e colheu, em agosto de 1888, 7.318 alqueires.

Vejamos um exemplo da colheita realizada em 14 de junho de 1886:[21]

Capitura do café de 86 (1886) foi principiada a 14 de junho

Dia	carro	alq.
de 14 a 19	11	550
de 21 a 26	13	650
de 28 a 30	6	300___1500

---

21 Arquivo Histórico da Casa de Cultura de Araraquara, Livro de administração de fazenda, 1883-1888.

O CULTIVO DO CAFÉ NAS BOCAS DO SERTÃO PAULISTA

Julho 1886

dia	carro	alq.
1 a 3	10,5	525
5 a 19	15	750
12 a 15	11	550
16 a 20	10	500
21 a 24	9,5	475
26 a 31	17	850____150

Agosto 1886

dia	carro	alq.
2 a 7	12	600
8 a 14	8	400
16 a 21	5	250____1250

Setembro 1886

dia	carro	alq.
1 a 11	4	200
13 a 18	13,5	675
19 a 18	33,5	1.675____2550

Outubro 1886

dia	carro	alq.
2 a 22	18,5	925

Total da colheita de junho até outubro de 1886 = 11.375 alqueires de café

As anotações da colheita do café indicam praticamente um controle semanal feito através da contagem de carros e alqueires colhidos. Esses carros eram puxados por animais e carregavam o café das plantações ou ruas (como se denominavam os caminhos), até os tanques de água e terreiros de tijolos para a secagem. Podemos observar que o Dr. Carvalho não fazia o controle da colheita por trabalhador, provavelmente porque eram contratados com salários fixos. Um trabalhador poderia colher em média 250 alqueires de café. Em 1897, a Secretaria de Agricultura de São Paulo registrou os rendimentos anuais de uma família de trabalhadores com duas enxadas, ou seja, duas pessoas trabalhando. Dois trabalhadores colheriam 500 alqueires de café, além de outros trabalhos prestados, e ainda davam conta de plantar, colher e vender 4.800 litros de milho (4 carros), mais 1.000 litros de feijão (10 sacas) (cf. Holloway, 1984, p.130). Na fazenda do Dr. Carvalho foram colhidos, em 1886, 11.375 alqueires de café; se formos fazer a mesma relação com os dados da Secretaria de Agricultura, seria necessária uma média de 44 trabalhadores para essa colheita. Sabemos que não consta esse montante de mão de obra no livro de administração de fazenda (ao todo eram 29 trabalhadores). Não sabemos se este fazendeiro araraquarense, em época de colheita, contratava jornaleiros. A prática de contratar trabalhadores livres só em época de colheita era muito comum nas regiões cafeeiras. Possivelmente o Dr. Carvalho adotava essa prática.

A expansão cafeeira propriamente dita na região araraquarense e são-carlense foi lenta e gradual, mesmo com a chegada da estrada de ferro em 1884. Apesar de em São Carlos a expansão do café ter sido maior e mais dinâmica, o auge do surto cafeeiro aconteceu no começo do século seguinte para ambos os municípios. A imagem da expansão cafeeira devastando rapidamente as fronteiras do Oeste Paulista, derrubando suas matas ubérrimas, seguramente não ocorreu em todas as dimensões. Devemos ter certo cuidado quando se trata de expansão do café para o Oeste Paulista: seguramente ela não foi linear e apresentou diferenças significativas de região para região.

Do mesmo modo, não podemos dizer que a transição da escravidão ao trabalho livre no Oeste Paulista baseou-se apenas na mão de obra europeia. Algumas regiões e fazendeiros não adotaram a política imigrantista de imediato, como é o caso dos fazendeiros da nossa amostra, que utilizaram escravos, libertos e brasileiros livres. Apenas depois da política de subsídios, os araraquarenses e são-carlenses passaram a adotar lentamente a mão de obra europeia. A imagem de centenas de europeus nas fazendas do Oeste Paulista ficou por conta de muitos fazendeiros, mas não foi a realidade para outros. Essa imagem foi bastante divulgada e cristalizada em muitos estudos. São recentes os estudos que começam a questionar a configuração do mercado de trabalho paulista baseado no antigo binômio escravo × imigrante. Dean (1977) acertadamente observou que os nacionais, a migração interna, constituíram um fator importantíssimo de crescimento das fazendas do Oeste.

Nossas fontes revelaram a presença de nacionais livres e libertos na organização das relações de trabalho em fazendas cafeeiras do Oeste, contrariando mais uma vez a tese de rejeição por parte dos fazendeiros em relação aos nacionais e libertos. O Dr. Antônio Joaquim de Carvalho, fazendeiro em Araraquara, apresentou um quadro nada comum, preferia os nacionais livres e libertos a escravos. Os libertos de sua fazenda também não possuíam contratos fixos ou rígidos; ele seguia o esquema de anotações dos empregados em folhas individuais, onde anotava pagamentos e gastos no armazém da fazenda. Observamos que os libertos não possuíam a folha em que eram anotados os dias de serviço e faltas. O controle do próprio tempo ainda não fazia parte do mundo dos libertos em 1888. Os libertos ainda tinham que seguir o ritmo sistemático que a lavoura escravista exigia. Uma lenta inserção no mundo dos trabalhadores livres. Seus salários eram menores que os dos nacionais, o que era de esperar de um país que recentemente terminara com as relações servis.

Havia entre fazendeiros e empregados relações de trabalho bastante flexíveis, muitas vezes na base da confiança, da troca, do conhecimento estreito que o universo rural permite. A ideia de que os nacionais eram preguiçosos, indolentes e não serviam para os serviços urgentes da lavoura fica comprometida. O fazendeiro araraquarense se ajustou à cultura dos nacionais, ou seja, seu modo peculiar de trabalhar parece não ter sido prejudicado por isso.

Alguns empregados do Dr. Carvalho foram novamente contratados e outros novos também, um modelo indiscutível de relações livres de trabalho e de mercado, onde existe oferta de trabalho e remuneração preestabelecida, portanto organizado e disciplinado.

No caso do fazendeiro de São Carlos, observa-se a mesma conduta: nacionais livres recrutados no mercado de trabalho para a colheita do café. O pagamento era feito pela produtividade, ou seja, quanto mais colhiam, mais recebiam. Essas eram as novas relações da empresa agrícola capitalista, contudo ela convivia lado a lado com as relações mais retrógradas da história, as escravistas.

As fontes revelaram que as relações entre senhor e escravo, nesse período após 1871, estavam se ajustando à nova ordem. Escravos e escravas tiveram o direito de conseguir o pecúlio através de colheitas extras de café. A outros, o Dr. Barros pagava-os pela colheita de gêneros alimentícios, como o milho e o feijão. Alguns de seus escravos possuíam contas no armazém da fazenda, assim sendo permitiu-se-lhes a prática da liberdade de escolher o que consumir, indicando também um mínimo de respeito pelo escravo. A análise da documentação dessa fazenda permitiu-nos visualizar que poderiam ter existido traços de solidariedade. Escravos que deveriam ser muito velhos, pois valiam muito pouco, entre 50$000 e 200$000 réis, como é o caso das escravas Joaquininha, Maria Rita, Liberata e Gabrielinha, os escravos José Ouvires, Domingos Velho, Mariano e Ventura, continuavam a viver na fazenda. Possivelmente esses escravos contavam com a proteção do Dr. Barros. A liberdade a essas mulheres e homens os levaria à indigência e à morte.

Esperamos que os aspectos desta análise de duas fazendas cafeeiras no Oeste Paulista nesse momento de implantação de uma cultura voltada para o mercado externo coincidente com o processo de abolição gradual e a transição para o trabalho livre possam contribuir para uma maior reflexão sobre o assunto.

CONCLUSÃO

Ao analisarmos a implantação tardia da cultura cafeeira nessas regiões longínquas do sertão paulista, percebemos a necessidade de um maior entendimento da história econômica que antecedeu o café. Com efeito, sem esse estudo prévio iríamos comprometer a análise geral da organização da mão de obra no período de transição da escravidão ao trabalho livre. Estudar a economia que antecedeu o café nos levou a uma questão complexa, a importância dos segmentos econômicos voltados para o mercado interno. A pecuária, a produção de alimentos e aguardente promoveram a acumulação de capital e o tipo de estrutura fundiária para a implantação do café. Sem o desenvolvimento desse mercado interno possivelmente o café seria implantado em outro contexto e utilizaria uma organização de mão de obra diferente.

As questões relacionadas com o mercado interno revelaram que os fazendeiros da região preservaram os antigos segmentos econômicos. O café não veio substituir setores em decadência; ao contrário, reforçou o desenvolvimento da região de Araraquara e São Carlos. Assim sendo, contribuiu para a sedimentação de um setor de atividades ligado ao mercado interno. A economia de exportação tornou-se preponderante com o passar do tempo, mas não era exclusiva.

A economia voltada para o mercado interno contava basicamente com a mão de obra escrava e trabalhadores livres nacionais. Essa mão de obra engajada nesses setores foi o suporte imprescindível para a implantação da cultura cafeeira na região de Araraquara e São Carlos. Os fazendeiros acostumados a lidar com os nacionais não optaram imediatamente pela mão de obra europeia como fizeram outros fazendeiros paulistas.

Outro fator importante para a configuração da mão de obra para o café foi a estrutura fundiária da região em estudo. Analisar a estrutura fundiária que se formou foi de suma importância. O retalhamento das sesmarias juntamente com a economia voltada para o mercado interno formaram as bases em que o café seria implantado: em pequenas e médias unidades produtoras. A leitura da documentação sobre os registros de terras de Araraquara, no período entre 1855 e 1856, nos possibilitou verificar que a maioria dos proprietários possuía "parte de terras". Nas pequenas e médias propriedades, a divisão do trabalho contava com arranjos costumeiros baseados no trabalho familiar, alguns agregados, poucos ou nenhum escravo. O exame desses fatores respondeu a uma das nossas questões iniciais, que era saber se os fazendeiros dessa região seguiram o exemplo do Senador Vergueiro, e ao mesmo tempo demonstrou as causas que os levaram a tomar outros rumos.

São Carlos se desmembrou de Araraquara em 1865. Ao final do século XIX, apresentava uma estrutura fundiária diferenciada, em que as grandes unidades cafeeiras e latifúndios eram significativos em relação às pequenas propriedades. Sua produção cafeeira passou a superar a de Araraquara a partir de 1878 e a expansão cafeeira na região foi mais dinâmica. Entendemos que essa diferença se explica pelo fato de que a região de Araraquara continuou a desmembrar sistematicamente as propriedades até o final do século XIX. A estrutura fundiária apresentada por Araraquara define as causas da expansão cafeeira tímida, gradual e concentrada. Os impostos sobre o café apontaram que a maior parte da produção cafeeira estava concentrada nas pequenas e médias propriedades, as grandes fazendas não acompanhavam a dinâmica destas. É certo que havia grandes fazendas e alguns poucos latifúndios araraquarenses, mas estes não conseguiam superar o desenvolvimento dos cafeicultores são-carlenses. Assim sendo, as novas fronteiras do café, no Oeste Paulista, apresentam diferenças regionais. Ali a cultura cafeeira foi implantada em estruturas fundiárias diversificadas, ou seja, contou com as pequenas, médias, grandes unidades produtoras e com os latifúndios. A ideia de possuírem fronteiras abertas para a expansão cafeeira não significou necessariamente que não havia retrações ou esgotamento do espaço físico em certos locais.

O estudo dessa região demonstrou que a expansão cafeeira não foi uniforme, municípios vizinhos apresentaram relativas diferenças quanto à expansão. Portanto, a expansão cafeeira no Oeste aconteceu em tempos e ritmos diferenciados, cada município ou região possuía uma dinâmica própria.

Ao adentrarmos na análise da imigração europeia para essa região em estudo, percebemos o quanto foi importante examinar a estrutura fundiária. Esta determinou também o modo como a imigração se apresentou. Como os estudos referentes à imigração europeia privilegiam grandes nichos cafeeiros, cristalizou-se a ideia de milhares de imigrantes chegando à Hospedaria dos Imigrantes, em São Paulo, sendo engajados rapidamente nas fazendas cafeeiras do Oeste. O exemplo de Araraquara e São Carlos foi ilustrativo. Observamos que a imigração europeia não foi um processo linear, que acompanhou as fases e as necessidades de cada município.

Essas questões se entrelaçam para uma discussão mais complexa: a transição para o trabalho livre e a organização do mercado de trabalho livre paulista. Nossas análises sobre o mercado interno, sobre a estrutura fundiária, sobre a implantação tardia do café e a organização da mão de obra baseada no escravo, no nacional, e posteriormente no imigrante e no liberto, apontam para a diversidade da transição nessa região. A leitura da documentação sobre as fazendas trouxe contribuições para esse período de transformações. As possibilidades que se apresentaram aos fazendeiros quanto à organização da mão de obra reforçaram a questão da diversidade da transição, da organização e da disciplina do mercado de trabalho livre.

Para entendermos a dimensão dos processos que estavam acontecendo nesse período foi necessário conhecer o universo das fazendas. Os elementos que compõem esse universo formam um mosaico complexo que muitas vezes nos emocionam, nos decepcionam, nos fazem questionar o ontem, o hoje e o amanhã. O momento em que deparamos com a lista de escravos causou-nos sentimentos antes desconhecidos e nos remeteu a indagar: quem foi Gabrielinha, que avaliaram em apenas 50$000? O que se passou nos navios negreiros? Chegou menina ou moça? Quanto sofreu? Quanto trabalhou? Qual seria sua história? Saber que o fazendeiro permitia que os escravos comprassem mercadorias no armazém, no primeiro momento parece interessante, mas depois vem o questionamento: quantas horas de trabalho a mais precisaria um escravo para conseguir pecúlio, e depois comprar um quilo de açúcar? Embora sabendo que não encontraríamos respostas a essas perguntas, são inevitáveis os devaneios.

Os libertos chegaram à fazenda do Dr. Carvalho e o primeiro adiantamento em dinheiro que pediam era para comprar sapatos. É difícil passar pela documentação e não imaginar os pés castigados, como seriam as noites frias causadas pelas temíveis geadas do Oeste Paulista. Quanto aos nacionais pobres, a história aponta para uma situação parecida: a maioria ia descalça para a lavoura, desnutrida, maltrapilha e habitando em casas de pau a pique, semelhantes ou piores que senzalas. Nesse contexto havia mulheres e crianças. Em relação à maioria dos imigrantes, a situação também era precária e não se distanciava dessa realidade em que viviam os cativos, os nacionais e os libertos: um futuro incerto, muito trabalho e pouco usufruto.

A organização da mão de obra na produção cafeeira nesses municípios contou com elementos pobres e despossuídos, escravos, nacionais, forros, libertos e imigrantes, engajados nas mais diversas frentes de trabalho, que exerciam as inúmeras atividades exigidas pela empresa agrícola. O processo de transição da escravidão ao trabalho livre no Oeste apresentou, portanto, diversidade na composição da mão de obra.

Quanto à configuração do mercado de trabalho livre paulista podemos ressaltar que além de nacionais, forros e libertos havia possibilidades de recrutar estrangeiros na Hospedaria dos Imigrantes, em São Paulo. Na leitura da documentação dos livros das fazendas, observamos que o Dr. Barros, de São Carlos, consentia que seus escravos acumulassem pecúlios. O Dr. Carvalho contratava nacionais, estipulava salários prévios, controlava os dias de trabalho, fazia adiantamentos, demonstrando, assim, aspectos de disciplina e organização do mercado de trabalho livre.

ARQUIVOS, FONTES E REFERÊNCIAS BIBLIOGRÁFICAS

FONTES

Manuscritas

Arquivo Histórico da Casa de Cultura de Araraquara Luiz Antônio Martinez Corrêa.
Alistamento de votantes, Araraquara, 1847-1868.
Alistamento geral dos cidadãos qualificados eleitores, Araraquara, 1890
Arrecadação de impostos especiais do café, Araraquara, 1892 a 1894.
Atas da Câmara Municipal, Araraquara, 1867 a 1871.
Atas da Câmara Municipal, Araraquara, 1871 a 1879.
Atas de eleições para deputados, 1841.
Registros de reses abatidas no Matadouro Municipal, Araraquara, 1860--1879.
Termos de multas, Araraquara, 1877 a 1891.
Livro de administração de fazenda, Araraquara, 1883-1888.
Arquivo de História Contemporânea, Universidade Federal de São Carlos.
Livro conta-corrente, Fazenda Quilombo, São Carlos, 1877-1878.
Livro inventário, Fazenda Quilombo, São Carlos, 1877.
Arquivo do Estado de São Paulo.
Registros de terras da província de São Paulo, Araraquara, 1855 a 1866.

Impressas

BINZER, I. von. *Alegrias e tristezas de uma educadora alemã no Brasil*. São Paulo: Anhembi, 1956.

CASTRO, F. *Almanach-álbum de São Carlos, 1916-1917*. São Carlos: Typographia Artística, s. d.

CONGRESSO AGRÍCOLA: Colleção de documentos. Rio de Janeiro: Typographia Nacional, 1878.

DAVATZ, T. *Memórias de um colono no Brasil*: 1850. São Paulo: USP, 1972.

FRANÇA, A. *Álbum de Araraquara, 1915*. São Paulo: Editor João Silveira, 1915.

GODOY, J. F. de. *A província de São Paulo*: trabalho estatístico, histórico e noticioso. 2.ed. São Paulo: Governo do Estado de São Paulo, 1978.

LEMOS, A. *História de Araraquara*. Edição do Museu Histórico e Pedagógico Voluntários da Pátria. s. d.

MÜLLER, D. P. *Ensaio d'um quadro estatístico da província de São Paulo*. Ordenado pelas leis provinciais de 11 de abril de 1836 e 10 de março de 1837. 3.ed. São Paulo: Governo do Estado de São Paulo, 1978.

NEVES, A. P. *Álbum comemorativo do centenário da ferrovia, 1884-1984*: São Carlos na esteira do tempo. s. n. t.

SOARES, S. F. *Notas estatísticas sobre a produção agrícola e carestia de gêneros alimentícios no império do Brasil, 1860*. Rio de Janeiro: Ipea/Inpes, 1977.

TSCHUDI, J. J. von. *Viagens às províncias do Rio de Janeiro e São Paulo*. São Paulo: Livraria Martins, s. d.

REFERÊNCIAS BIBLIOGRÁFICAS

ALGRANTI, L. *O feitor ausente*: estudos sobre a escravidão urbana no Rio de Janeiro, 1808-1822. Petrópolis: Vozes, 1988.

AZEVEDO, C. M. *Onda negra, medo branco*: o negro no imaginário das elites — século XIX. Rio de Janeiro: Paz e Terra, 1987.

AZZONI, A. et al. Alguns problemas da propriedade cafeeira em Araraquara. In: *O café. Anais do Congresso de História, II*. São Paulo: 1975. p.371-403.

BASSANEZI, M. S. *Fazenda Santa Gertrudes*: uma abordagem quantitativa das relações de trabalho em uma propriedade rural paulista, 1895-1930. Rio Claro, 1973. Tese (Doutorado) – Faculdade de Filosofia, Ciências e Letras de Rio Claro.

BASSANEZI, M. S. Absorção e mobilidade da força de trabalho numa propriedade rural paulista, 1890-1930. In: *O café. Anais do Congresso de História*, II. São Paulo, 1975. p.240-64.

BEIGUELMAN, P. *A formação do povo no complexo cafeeiro*: aspectos políticos. 2.ed. São Paulo: Pioneira, 1978.

BERNARDES, M. T. C. *Mulheres de ontem?* Rio de Janeiro: Século XIX, São Paulo: T. A. Queiroz, 1988.

BETHELL, L. *A abolição do tráfico de escravos no Brasil*. Rio de Janeiro: Expressão e Cultura, Edusp, 1976.

BIENRREBACH, N. B. Como se vivia nas vilas e fazendas antigas. In: MOURA, E. (Org.) *A vida cotidiana em São Paulo, século XIX*: memórias, depoimentos e evocações. São Paulo: Ateliê, Fundunesp, Imprensa Oficial do Estado, Secretaria do Estado da Cultura, 1998. p.171-82.

BINZER, I. von. *Alegrias e tristezas de uma educadora alemã no Brasil*. São Paulo: Anhembi, 1956.

BRANDÃO, I., TELLAROLLI, R. *Adio bel campanile*: a saga dos Lupo. São Paulo: Global, 1998.

CANDIDO, A. *Os parceiros do Rio Bonito*: estudo sobre o caipira paulista e a transformação dos seus meios de vida. Rio de Janeiro: José Olympio, 1964.

CANO, W. Economia do ouro em Minas Gerais (séc. XVIII). *Revista Contexto*, jul. 1977.

COELHO, L. C. M. Dados sobre a cafeicultura em Bananal, século XIX. In: O café, *Anais do Congresso de História*, II. São Paulo, 1975.

CONRAD, R. *Os últimos anos da escravatura no Brasil, 1850-1888*. Rio de Janeiro: Civilização Brasileira, 1975.

_____. *Tumbeiros*: o tráfico de escravos. São Paulo: Brasiliense, 1985.

CORRÊA, A. M. M. *História social de Araraquara*. São Paulo, 1967. Dissertação (Mestrado) — Faculdade de Filosofia, Ciências e Letras, Universidade de São Paulo.

COSTA, D. P. da. *Herança e ciclo de vida*: um estudo sobre família e população em Campinas, São Paulo, 1765-1850. Niterói, 1977. Tese (Doutorado) — Universidade Federal Fluminense.

_____. Demografia e economia numa região distante dos centros dinâmicos: uma contribuição ao debate sobre a escravidão em unidades exportadoras e não exportadoras. *Revista de Estudos Econômicos (São Paulo)*, v.26, n.1, p.111-36.

COSTA, E. V. *Da senzala à colônia*. São Paulo: Difusão Europeia do Livro, 1966.

COSTA, S. M. *Roteiro do café*: análise histórico demográfica da expansão cafeeira no estado de São Paulo. São Paulo: s. n., 1938.

DAUNT, R. G. Diário da Princesa Izabel. Excursão dos Condes d'Eu à Província de São Paulo em 1884. In: MOURA, C. E. (Org.) *Vida cotidiana em São Paulo no século XIX*: memórias, depoimentos, evocações. São Paulo: Ateliê Editorial, Editora UNESP, Imprensa Oficial do Estado, Secretaria de Estado da Cultura, 1998.

DEAN, W. *A industrialização de São Paulo, 1880-1945*. São Paulo: Difel, 1971.

_____. *Rio Claro*: um sistema de grande lavoura, 1820-1920. Rio de Janeiro: Paz e Terra, 1977.

EISENBERG, P. *Modernização sem mudança*: a indústria açucareira em Pernambuco, 1840-1910. Campinas: Unicamp, 1977.

_____. *Homens esquecidos*. Campinas: Unicamp, 1989.

ELLIS JÚNIOR, A. *Tenente-coronel Francisco da Cunha Bueno*: pioneiro no Oeste Paulista. São Paulo: s. n., 1960.

FERREIRA, A. B. de H. *Pequeno dicionário brasileiro da língua portuguesa*. 11.ed. Rio de Janeiro: Civilização Brasileira, 1974.

FRAGOSO, J. L. O império escravista e a república dos plantadores. Economia brasileira no século XIX: mais do que uma *plantation* escravista-exportadora. In: LINHARES, M. Y. (Org.) *História geral do Brasil*. 6.ed. Rio de Janeiro: Campus, 1990. p.145-233.

_____. *Homens de grossa aventura*: acumulação e hierarquia na praça mercantil do Rio de Janeiro, 1790-1830. 2.ed. Rio de Janeiro: Civilização Brasileira, 1998.

FRANÇA, A. *Álbum de Araraquara, 1915*. São Paulo: Editor João Silveira, 1915.

FRANCO, M. S. de C. *Homens livres na ordem escravocrata*. São Paulo: Instituto de Estudos Brasileiros, 1969.

FURTADO, C. *Formação econômica do Brasil*. 24.ed. São Paulo: Nacional, 1991.

GEBARA, A. *O mercado de trabalho livre no Brasil, 1871-1888*. São Paulo: Brasiliense, 1986.

GODOY, J. F. *A província de São Paulo*: trabalho estatístico, histórico e noticioso. 2.ed. São Paulo: Governo do Estado, 1978.

GONÇALVES, M. de A. Dote e casamento: as expostas da Santa Casa de Misericórdia do Rio de Janeiro. In: COSTA, A., BRUSCHINI, C. (Orgs.) *Rebeldia e submissão*: estudos sobre a condição feminina. São Paulo: Vértice, 1989. p.61-99.

GORDINHO, M. C. *A casa do Pinhal*. São Paulo: s. n., 1985.

GORENDER, J. *A escravidão reabilitada*. São Paulo: Ática, 1978.

GRAHAM, D., HOLANDA FILHO, S. B. de. *Migrações internas no Brasil, 1872-1970*. São Paulo: IPE, 1984.

HALL, M. Os italianos em São Paulo, 1880-1920. In: *Anais do Museu Paulista*, n. 29, s. d.

HOLANDA, S. B. de. (Dir.) *Grandes personagens da nossa história*: senador Vergueiro. São Paulo: Abril Cultural, 1969.

_____. *Monções*. 3.ed. São Paulo: Brasiliense, 1991.

_____. *Raízes do Brasil*. São Paulo: Companhia das Letras, 1997.

HOLLOWAY, T. Condições do mercado de trabalho e organização nas plantações na economia cafeeira em São Paulo, 1885-1915. *Revista de Estudos Econômicos (São Paulo)*, v.2, n.6, 1972.

_____. *Imigrantes para o café*: café e sociedade em São Paulo, 1886-1934. Rio de Janeiro: Paz e Terra, 1984.

IANNI, O. *As metamorfoses do escravo*. São Paulo: Difel, 1962.

LAMOUNIER, M. L. *Da escravidão ao trabalho livre*. Campinas: Papirus, 1986.

_____. *Between slavery and free labour*: experiments with free labour and patterns of slaves emancipation in Brazil and Cuba, 1830-1888. London, 1993. Thesis (Ph.D) – University of London.

_____. Entre a escravidão e o trabalho livre: contratos, conflitos e leis. In: SIMPÓSIO NACIONAL DE HISTÓRIA "HISTÓRIA E IDENTIDADES", 18, 1995, Recife.

_____. Ferrovias, agricultura de exportação e mão de obra no Brasil no século XIX. *História Econômica & História de Empresas, III*, 1, p.43-76, 2000.

LANNA, A. L. D. *A transformação do trabalho*. 2.ed. Campinas: Unicamp, 1989.

LEAL, R. *A invenção republicana*: Campos Sales, as bases e a decadência da primeira República no Brasil. São Paulo: Vértice, 1988.

LEAL, V. N. *Coronelismo, enxada e voto*: o município e o regime representativo no Brasil. 5.ed. São Paulo: Alfa Omega, 1986.

LINHARES, M. Y., SILVA, F. T. *História da agricultura brasileira*: combates e controvérsias. São Paulo: Brasiliense, 1981.

_____. *História geral do Brasil*. 6.ed. Rio de Janeiro: Campus, 1990.

LITTLE, G. *Fazenda Cambuhy*: a case history of social and economic development in the interior of São Paulo, Brazil. Florida, 1960. Thesis (Ph.D History Modern) – University of Florida.

LOBATO, M. *Onda verde*. São Paulo: Revista do Brasil, 1921.

_____. Velha praga. In: _____. *Urupês*. São Paulo: s. n., 1955.

MADUREIRA, M. A. *A diversificação das atividades urbanas em São Carlos do Pinhal face à cafeicultura, 1860-1920*. Araraquara, 1989. Dissertação (Mestrado) – Faculdade de Ciências e Letras, Universidade Estadual Paulista.

MALUF, M. *Ruídos da memória*. São Paulo: Brasiliense, 1995.
MARINS, F. *Clarão na serra*. 5.ed. São Paulo: Melhoramentos, 1970. t.I.
MATTOON JR., R. H. Railroads, coffee and big business in São Paulo, Brazil. *Hispanic American Historical Review*, LVII, 2, 2, p.273-95, 1977.
MATTOS, H. *Das cores do silêncio*: os significados da liberdade no sudeste escravista. 2.ed. Rio de Janeiro: Nova Fronteira, 1998.
MENDONÇA, J. M. N. *Entre a mão e os anéis*: a lei dos sexagenários e os caminhos da abolição no Brasil. Campinas: Unicamp, 1999.
MILLIET, S. *Roteiro do café*: análise histórico-demográfica da expansão cafeeira no Estado de São Paulo. São Paulo: s. n., 1938.
MOLINARI, M. L. Ariró e o café (1860-1877). In: O café, *Anais do II Congresso de História de São Paulo*, 1975, p.186-216.
MORSE, R. *Formação histórica de São Paulo, século XIX*. São Paulo: Difusão Europeia do Livro, 1970.
MOURA, C. E. (Org.) *Vida cotidiana em São Paulo no século XIX*: memórias, depoimentos, evocações. São Paulo: Ateliê Editorial, Fundação Editora Unesp, Imprensa Oficial do Estado, Secretaria do Estado da Cultura, 1998.
MOURA, D. A. S. *Saindo das sombras*: homens livres no declínio do escravismo. Campinas: Unicamp, 1998.
NAXARA, M. R. *Estrangeiro em sua própria terra*: representações do trabalhador livre nacional, 1870-1920. Campinas, 1991. Dissertação (Mestrado) — FFLCH, Universidade Estadual de Campinas.
NEVES, A. P. *Álbum comemorativo do centenário da ferrovia, 1884-1984*: São Carlos na esteira do tempo. s. d.
_____. *O jardim público de São Carlos do Pinhal*. São Carlos: Fundação Theodoreto Souto, EESC-USP, 1983.
PALMÉRIO, M. *Vila dos Confins*. 12.ed. Rio de Janeiro: José Olympio, 1969.
PETRONE, M. T. *A lavoura canavieira em São Paulo*: expansão e declínio, 1765-1851. São Paulo: Difusão Europeia do Livro, 1968.
QUEIROZ, S. *A escravidão negra em São Paulo, séc. XIX*. Rio de Janeiro: José Olympio, 1977.
RANGEL, A. Dilemas da historiografia paulista: a repartição da riqueza no município de Taubaté no início do século XIX. *Revista de Estudos Econômicos (São Paulo)*, v.28, n.2, p.351-68, 1998.
SALLUM JÚNIOR, B. *Capitalismo e cafeicultura*: oeste paulista, 1888--1930. São Paulo: Duas Cidades, 1982.
SAMARA, E. de M. *As mulheres, o poder e a família*: São Paulo, século XIX. São Paulo: Marco Zero, Secretaria da Cultura de São Paulo, 1989.

SANTOS, C. F. *Nem tudo era italiano*: São Paulo e pobreza, 1890-1915. São Paulo: Annablume, Fapesp, 1998.

SANTOS, R. *Término do escravismo na província de São Paulo, 1885--1888*. São Paulo, 1972. Dissertação (Mestrado) – Universidade de São Paulo.

SCOTT, R. *Emancipação escrava em Cuba*: transição para o trabalho livre, 1860-1899. Rio de Janeiro: Paz e Terra, Campinas: Unicamp, 1991.

SILVA, E., REIS, J. J. *Negociação e conflito*: a resistência negra no Brasil escravista. São Paulo: Companhia das Letras, 1989.

SILVA, L. O. *Terras devolutas e latifúndio*: os efeitos da lei de 1850. Campinas: Unicamp, 1996.

SOUZA, L. de M. Formas provisórias de existência: a vida cotidiana nos caminhos, fronteiras e fortificações. In: _____. (Org.) *História da vida privada no Brasil*: cotidiano e vida privada na América portuguesa. São Paulo: Companhia das Letras, 1998. v.1.

STEIN, S. *Grandeza e decadência do café no Vale do Paraíba, com referência especial ao município de Vassouras*. São Paulo: Brasiliense, 1961.

STOLCKE, V. *Cafeicultura*. São Paulo: Brasiliense, 1986.

TAUNAY, A. E. *História do café no Brasil imperial, 1822-1872*. Rio de Janeiro: Edição do Departamento Nacional do Café, 1939. t.I.

TELLAROLLI, R. *Os sucessos de Araraquara*: estudo em torno de um caso de coronelismo em fins do século XIX. São Paulo, 1975. Dissertação (Mestrado) – Faculdade de Filosofia, Letras e Ciências Humanas, Universidade de São Paulo.

TRUZZI, O. *Café e indústria no interior de São Paulo*: o caso de São Carlos. São Paulo, 1985. Dissertação (Mestrado) – EAESP/FCU.

TSCHUDI, J. J. von. *Viagens às províncias do Rio de Janeiro e São Paulo*. São Paulo: Livraria Martins, s. d.

VANGELISTA, C. *Os braços da lavoura*: imigrantes e "caipiras" na formação do mercado de trabalho paulista, 1850-1930. São Paulo: Hucitec, 1991.

WITTER, S. *Ibicaba*: uma experiência pioneira. 2.ed. São Paulo: Arquivo do Estado, 1982.

SOBRE O LIVRO

Formato: 14 x 21 cm
Mancha: 23 x 43 paicas
Tipologia: Classical Garamond 10/13
Papel: Offset 75 g/m² (miolo)
Cartão Supremo 250 g/m² (capa)
1ª edição: 2003

EQUIPE DE REALIZAÇÃO

Coordenação Geral
Sidnei Simonelli

Produção Gráfica
Anderson Nobara

Edição de Texto
Nelson Luís Barbosa (Assistente Editorial)
Ana Paula Castellani (Preparação de Original)
Ada Santos Seles e
Ana Luiza Couto (Revisão)
Oitava Rima Prod. Editorial (Atualização Ortográfica)

Editoração Eletrônica
Oitava Rima Prod. Editorial

Impressão e acabamento